Christian Tielmann
# Fußballgeschichten



cbj

Foto: © Jochen Nies

## DER AUTOR

Christian Tielmann, geboren 1971 in Wuppertal, hat (beruflich) noch nie etwas anderes gemacht, als zu lesen und zu schreiben: Er studierte Deutsch und Philosophie in Freiburg und Hamburg und hat schon während des Studiums seine ersten Kinder- und Jugendbücher veröffentlicht. Inzwischen hat er für verschiedene Verlage um die 80 Bilderbücher, Kinderbücher (sowohl Erzählungen als auch Sachbücher) und Jugendbücher geschrieben. Seine Werke wurden mehrfach ausgezeichnet und bislang in 24 Sprachen übersetzt. Christian Tielmann lebt in Köln.

Christian Tielmann

# Fußballgeschichten

cbj

FSC
www.fsc.org
MIX
Papier aus verantwortungsvollen Quellen
FSC® C014496

Verlagsgruppe Random House FSC® N001967

1. Auflage
Erstmals als cbj Taschenbuch April 2016

Originaltitel: »Anpfiff für die Superkicker«
Innenillustrationen: Hans-Jürgen Feldhaus

Originaltitel: »Die Rivalen – Ein Zwilling
kickt selten allein«
Innenillustrationen: Patrick Wirbeleit

Umschlagillustration: Markus Grolik
Umschlaggestaltung: basic-book-design,
Karl Müller-Bussdorf
jk · Herstellung: ReD
Satz: Uhl + Massopust, Aalen
Druck: GGP Media GmbH, Pößneck
ISBN 978-3-570-22600-1
Printed in Germany

**www.cbj-verlag.de**

# Anpfiff für die Superkicker

Mit Illustrationen
von Hans-Jürgen Feldhaus

# 1. Kapitel

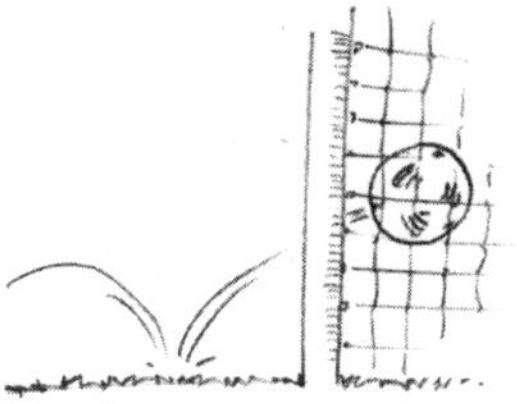

Magengrummeln.

Es war zwar nur leise, und Toni hätte es niemals zugegeben, aber es war eindeutig Magengrummeln, was er vor dem letzten Spiel der Saison spürte.

Ach was, gegen die *Kids vom SC*, das wird schon hinhauen, versuchte er sich einzureden, als er seine Torwarthandschuhe in den Rucksack stopfte. Dabei wusste er genau, dass die *Kids vom SC* Tabellenführer waren, und Tonis Mannschaft, der *TUS Altenburg*, musste mindestens ein Unentschieden hinkriegen – sonst war der Abstieg besiegelt.

»Tschüss, Lisa!«

Tonis große Schwester saß in ihrem Zimmer und las. Sie hob den Kopf. »Tschüss, ich drück euch die Daumen!«

Toni seufzte.

»He, Kopf hoch! Das wird schon!«, fügte sie hinzu.

Das wird eine Katastrophe, dachte Toni, mehr mit dem

Bauch als mit dem Kopf. Aber er nickte tapfer, zog seine Regenjacke über und marschierte aus der Wohnung.

Feiner, fieser Nieselregen begrüßte ihn, als er sein Rad aus dem Keller auf den Hof schob.

»Auch das noch«, murmelte Toni. Aber dann riss er sich zusammen, schwang sich auf den Drahtesel und trat kräftig in die Pedale. Er würde es allen zeigen: den *Kids vom SC* und Herrn Schäfer, dem Trainer des *TUS Altenburg*, auch. Er würde ihnen zeigen, dass er, Anton Michaelis, genannt Toni, keine »Pfeife« war, sondern ein guter Torwart. Und vor Ulf, dem zu groß geratenen Stürmer der *Kids vom SC*, hatte er keine Angst. – Absolut nicht. – Höchstens ein bisschen.

Er fuhr die Feuerbachstraße hinunter und bog an der Ecke zur Ludwigstraße auf einen verlassenen Parkplatz ein, dessen Boden sich gerade in eine Schlammwüste verwandelte.

»Hi, Toni! Vinz und Clemens kommen gleich.« Ivo, einer von Tonis drei besten Freunden, stand pünktlich wie immer am Treffpunkt, hatte sich auf seine Sattelstange gesetzt und wartete. Ihm schien der Nieselregen nichts auszumachen – zumindest hatte er weder eine Kapuze aufgesetzt, noch dachte er daran, sich unterzustellen. Er sah vor sich in eine Pfütze und murmelte: »Das wird eine harte Nuss heute.« Dann hob er den Kopf und fügte mit einer

Sorgenfalte auf der Stirn hinzu: »Hast du schon gehört, dass Axel krank ist?«

Toni schüttelte den Kopf. Diese schlechte Nachricht war noch nicht bis zu ihm durchgedrungen. Axel war der beste Abwehrspieler, den der *TUS Altenburg* zu bieten hatte. Und wenn Axel nicht da war, dann musste vermutlich jemand anderer einspringen. Das konnte böse enden.

»Schäfer hat Roland aufgestellt«, sagte Ivo.

»Das darf doch nicht wahr sein!« Toni hätte am liebsten sein Rad in den Matsch getreten. Wenn es in der Mannschaft einen Jungen gab, den man wirklich als »Pfeife« bezeichnen konnte, dann war es Roland. Er war zwar ganz nett, aber entschieden zu langsam. Selbst eine Schildkröte hätte an Roland spielend vorbeidribbeln können. Kein Wunder, dass der Trainer ihn so gut wie nie aufstellte. Schon im Training schien Herr Schäfer Roland nur schwer ertragen zu können.

»Los geht's, ihr Schlafmützen!« Vinzent, genannt Vinz, preschte mit seinem gefederten Super-Mountainbike auf den Parkplatz und bremste kurz vor Ivo und Toni scharf ab. »Heute geht's ums Ganze. Die machen wir nass.« Der strohblonde Junge grinste. »Na, die sind ja wahrscheinlich sowieso schon nass.«

Toni schüttelte grinsend den Kopf. Vinz war einfach unglaublich. Niemand konnte das Maul so weit aufreißen wie er. Andererseits war Vinz neben Ivo wirklich der beste Spieler der Mannschaft – also durfte er das auch.

»Heute musst du alles halten, Toni.« Vinz sah sich kurz nach Clemens um, der mit hängendem Kopf auf den Parkplatz geradelt kam. Dann fügte er hinzu: »Und nicht so viele Fliegen fangen!«

»Hör mir damit auf!«, knurrte Toni. Es reichte ihm wirklich, dass der Trainer ihn »Fliegenfänger« nannte, wenn er mal einen Ball nicht erwischte. So wollte er sich nicht auch noch von seinem Freund nennen lassen.

»Kein Streit vor dem Spiel.« Ivo schwang sich auf seinen Sattel.

Dann brachen die vier Freunde vom Parkplatz Richtung Sportplatz auf.

»Was ist los mit dir?«, fragte Toni den schweigsamen Clemens. »Hast du Muffensausen?«

»Ach, das Spiel, das ist das geringste Problem.« Clemens fuhr sich mit einer Hand durch den wilden Lockenkopf. »Heute ist der größte Misttag des Jahres. Ich hoffe zumindest, dass kein schlimmerer mehr kommt. Der blöde Erdmann gibt mir echt die Fünf – heute ist der blaue Brief gekommen. Und außerdem fahren wir nicht in Urlaub, weil wir einen Wasserschaden am Haus hatten. Die Versicherung zahlt keinen Cent.« Clemens schüttelte sich. »Ich werd mir nie im Leben ein Haus kaufen, das schwöre ich. Und den Erdmann werde ich auf ewig hassen. Aber das ist dem ja egal.«

Sie stellten ihre Räder vor dem Vereinshaus ab. Toni schlug Clemens aufmunternd auf die Schulter. »Jetzt kannst du gegen die *Kids vom SC* erst mal kräftig Dampf ablassen!« Clemens tat ihm leid. Der war manchmal wirklich ein Pechvogel. Und der Erdmann hatte eine Macke. Eine Fünf in Deutsch hatte Clemens jedenfalls nicht verdient, fand Toni. Aber bei manchen Lehrern war jede Diskussion zwecklos.

»Los, los, los, ihr Schnarchnasen!«, grölte Herr Schäfer, der Trainer, ihnen zur Begrüßung entgegen. »Ich hab euch noch was zu sagen!«

Die Jungs rannten die Treppe hinunter in die Umkleidekabine. Der Rest der Mannschaft saß schon umgezogen auf den Bänken: Mehmet und Fabio stritten sich, weil Mehmet den Italiener Fabio »Spaghetti« genannt hatte, und das brachte Fabio einfach auf die Palme. Roland träumte schweigsam wie immer vor sich hin, Martin machte die albernsten Dehnübungen aller Zeiten, und die anderen saßen einfach da, kontrollierten ihre Schnürsenkel und die Schienbeinschützer. Und während sich Toni, Ivo, Vinz und Clemens die knallroten Trikots vom *TUS Altenburg* überzogen, begann Schäfer mit seiner Ansprache.

»Alles herhören! Ruhe! Fabio, Mehmet, haltet die Klappe!« Er lehnte sich an einen der grauen Spinde und strich sich mit Daumen und Zeigefinger über den Oberlippenbart. »Heute geht's um alles, Leute! Das bedeutet für die Bringer: Vinz, du musst bitte früh ein Tor schießen. Ivo, du gehst wie immer ins Mittelfeld und hilfst ruhig auch hinten ein bisschen mit – aber erst, nachdem wir in Führung gegangen sind. Und Martin, du spielst vorn neben Vinz als zweite Sturmspitze. Um euch da vorne mache ich mir eigentlich wenig Sorgen. Sorgen mache ich mir eher um die Pfeifen unserer Mannschaft: Roland, du spielst die linke Abwehr. Ich hoffe, du weißt noch, wo links ist?!«

Die halbe Mannschaft lachte. Toni lachte nicht mit. Er fand es total bescheuert, dass sich der Trainer auch noch über Roland lustig machte. Davon wurde dieser schließlich *noch* unsicherer. Und dann stand er noch viel dämlicher im Weg rum als sonst.

Aber Trainer Schäfer wäre nicht Trainer Schäfer gewesen, wenn er das Gelächter nicht sofort wieder abgewürgt hätte. »Mehmet und Fabio, statt hier so laut rumzugrölen, solltet ihr lieber aufpassen: Ihr versorgt mir Martin und vor allem Vinz mit Bällen. Aber verstolpere nicht wieder alles vor der Mittellinie, Fabio, klar? Und jetzt noch zu dir, Clemens. Du gehst heute mit in die Abwehr. Und da passt du besonders auf diesen Ulf auf. Der ist gefährlich. Der darf gar nicht zum Schuss kommen.«

»Kann nicht Fabio in den Sturm und Martin in die Abwehr?«, fragte Clemens genervt. »Ich bin im Mittelfeld besser.«

Aber Schäfer warf ihm nur einen kurzen und strengen Blick zu. »Ich bin der Trainer, Clemens. Und ich sage: Du spielst Abwehr oder gar nichts. Und wenn Ulf doch zum Schuss kommt...« Schäfer sah von Clemens zu Toni. »Dann musst du eben halten, Anton. Auch wenn's schwerfällt.«

Toni schnürte schweigend seine Fußballschuhe. Das war mal wieder typisch Schäfer: Die »Pfeifen« und die »Bringer«, genau so behandelte er die Mannschaft. Die einen waren gut und wurden mit Lob überschüttet, egal wie sie spielten. Die anderen waren schlecht und wurden ausgeschimpft oder übersehen, egal wie sie spielten. Aber

Schäfer duldete keine Widerworte. Zumindest nicht von einem, der für ihn zu den »Pfeifen« gehörte – und zu denen gehörte Toni nun mal, laut Schäfer.

»So, und jetzt noch ein Tipp an alle: Wir gehen gleich auf den Platz. Und beim Aufwärmen guckt ihr nicht rüber in die andere Hälfte des Spielfelds. Die *Kids vom SC* ziehen da nämlich eine Show ab, die euch einschüchtern soll. Aber wenn jeder seine Sache gut macht, dann schaffen wir nicht nur ein Unentschieden, Jungs! Dann werden wir gewinnen!« Schäfer strich sich noch einmal mit Daumen und Zeigefinger über den Oberlippenbart und knurrte: »Und jetzt raus mit euch.«

Sie trabten aus der Kabine. Vinz bekam noch einen aufmunternden Klaps auf die Schulter. »Du machst das Spiel, Vinz!«

Als Toni die Kabine verließ, hörte er, wie Schäfer zu Ivo, der hinter ihm hinauslief, sagte: »Ich verlass mich auf dich, Ivo. Und Vinz und Martin verlassen sich auch auf dich.«

Es kam schlimmer, als Toni es sich je hätte träumen lassen. Vinz kam kaum an den Ball. Die *Kids vom SC* hatten das Spiel von Anfang an fest im Griff. Obendrein war der Rasen auch noch rutschig vom Nieselregen und der nasse Ball flutschte Toni mehr als einmal durch die Hände. Clemens und Roland hatten zwar eigentlich alle Füße voll zu tun. Aber irgendwie schien Clemens mehr mit seiner Fünf in Deutsch und Roland mit dem Gebrüll von Schäfer am Spielfeldrand beschäftigt zu sein. Jedenfalls behinderten die beiden Toni ständig die Sicht, ohne Ulf, die Sturmspitze der *Kids vom SC*, ernsthaft zu attackieren. Ivo ließ sich zwar immer weiter nach hinten fallen, um Bälle nach vorne zu holen, aber es half nicht viel. Schon nach der ersten Halbzeit stand es 2:0 für die *Kids vom SC*.

Schäfer hielt ihnen in der Halbzeit eine Standpauke. »Roland, du gehst auf die Ersatzbank! Dafür kommt Dennis.«

Dennis war einen halben Kopf kleiner als Roland, und Toni glaubte nicht, dass dieser Winzling etwas gegen Ulf, den Riesen, ausrichten konnte.

»Martin, du gehst weiter zurück ins Mittelfeld, und Ivo, du hast dich gut nach hinten fallen lassen. Aber ihr müsst besser flanken. Vinz stand die ganze Zeit frei. Sehr gut gemacht, Vinz.« Dann fiel Schäfers Blick auf Clemens. »Was ist denn mit dir los, Clemens? Hast du deine Augen zu Hause gelassen, oder was? Ich gebe dir in der zweiten Halbzeit noch einmal eine Chance. Du bleibst auf derselben Spielposition. Aber wenn du diesen Ulf noch ein einziges Mal frei zum Schuss kommen lässt, dann komm ich aufs Feld und zieh dir die Ohren lang, verstanden?«

Clemens sah betreten zu Boden.

»So, Jungs, und jetzt zeigt mir mal, ob ihr was könnt!

2:0, das könnt ihr noch packen, wenn ihr Vinz und Martin mal an den Ball kommen lasst!« Er warf einen Blick auf die Uhr. »Auf geht's!«

Die zweite Halbzeit begann immerhin besser, als die erste aufgehört hatte. Der *TUS* hatte Anstoß, und Ivo passte gleich weit nach vorn, wo sich Vinz gegen einen Verteidiger der *Kids* durchsetzen konnte. Dummerweise kam ihm aber sofort ein zweiter zu Hilfe, und Martin, der Esel, lief sich nicht frei. Bis Ivo endlich in der Nähe war, hatte sich Vinz schon verdribbelt und den Ball wieder verloren. Die *Kids* passten sich die Bälle zu wie geschmiert. Im Mittelfeld wurden sich Mehmet und Fabio nicht einig, wer für den Jungen mit der Nummer sieben zuständig war, sodass dieser problemlos auf Ulf abspielen konnte. Toni machte sich schon auf einen Wahnsinnsschuss gefasst, als er Ulf auf Clemens zustürmen sah. Clemens lief dem Kerl immerhin entgegen, aber er war zu spät gestartet. Ulf drehte sich nur einmal um, passte zu einem Mittelfeldspieler, der den Ball sofort wieder nach vorn, weit auf die linke Seite, schoss, wo Ulf inzwischen schon hingerannt war. Dennis hatte den Plan zwar geahnt, aber er war viel langsamer als Ulf, der nun frei auf das Tor zustürmte.

Toni hörte Schäfer am Spielfeldrand schreien und toben. Aber dann hörte er gar nichts mehr. Er sah nur noch den Ball und den schwitzenden Ulf, der auf das Tor zugestürmt kam. Toni rannte aus dem Tor, Ulf entgegen, der setzte zum Schuss an, gab im letzten Moment aber doch noch zu einem zweiten Stürmer ab, der die Flanke direkt nahm. Toni warf sich weit nach links, aber der Ball sauste an ihm vorbei und zappelte im Netz.

»Das darf doch nicht wahr sein! Ihr lahmen Pfeifen! Lasst euch doch nicht austricksen! Räume zumachen, hab ich gesagt! Toni, du Fliegenfänger, sollte das etwa eine Parade sein? Clemens, setz endlich deinen Hintern in Bewegung!« Schäfer hörte gar nicht mehr auf zu fluchen, während die *Kids vom SC* jubelten.

Und als die *Kids vom SC* mit genau demselben Trick ihr viertes und sogar ihr fünftes Tor schossen, explodierte Schäfer regelrecht. »Clemens, du Volltrottel, sag mal, bist du blind oder blöd oder beides? Hau ab in die Kabine! Und wenn du wieder Lust zum Fußballspielen hast, dann kannst du rauskommen!«

»Scheiße, Mann!«, blaffte da der sonst so ruhige Clemens zurück. »Sie sind uns auch überhaupt keine Hilfe! Der Kerl ist einen Kopf größer als ich, haben Sie das noch immer nicht kapiert? Außerdem ist der Boden total rutschig! Und ich war schon immer ein schlechter Verteidiger! Warum stellen Sie mich nicht endlich nach vorn! Aber außer Ihrer blöden Rumbrüllerei haben Sie doch eh nichts auf Lager!«

Plötzlich war es still auf dem Platz. Bedenklich still. Toni fand, dass Clemens völlig recht hatte. Er war im Mittelfeld besser. Aber wer auf welcher Position spielte, das war die Entscheidung des Trainers. Und an Trainerentscheidungen wurde nicht rumgemeckert. Zumindest nicht beim *TUS Altenburg*, solange er von Herbert Schäfer trainiert wurde. Und erst recht nicht während eines Spiels. Und das wusste Clemens.

»Verschwinde!«, zischte Schäfer. »Wer uns hier erst den Abstieg beschert und dann auch noch frech wird, für den ist kein Platz in unserer Mannschaft und unserem Verein!« Er sah Clemens in die Augen und fügte hinzu: »Damit das klar ist: Ich schmeiß dich raus!«

Eine Schrecksekunde lang wusste Toni nicht, ob das, was er da gehört hatte, wirklich wahr sein konnte. Schäfer wollte Clemens aus dem Verein werfen? Er rannte, gefolgt von Ivo und Vinz, an den Spielfeldrand.

»Moment, Herr Schäfer, das geht nicht«, sagte Toni. »Clemens hat heute einen schlechten Tag, das kann doch mal vorkommen.«

»Clemens hat es bestimmt nicht so gemeint«, versuchte auch Ivo zu beschwichtigen.

»Geben Sie ihm noch eine Chance«, bettelte Vinz.

»Nein, Schluss, aus! Der hat seine Chance vertan«, sagte Schäfer unwirsch. Dann wandte er sich an Toni und sagte: »Clemens fliegt raus. Und du, mein Lieber, solltest das

Maul nicht zu weit aufreißen, schließlich hast *du* die fünf Treffer kassiert! Einen besseren Torwart als dich finde ich allemal!«

Toni schoss das Blut in den Kopf. »Ach, so ist das? – Sie werfen Clemens raus, weil er Ihre Schreierei nicht ertragen kann, und mich wollen Sie auch rauswerfen, sobald Sie einen Besseren finden?« Er zog seine Torwarthandschuhe aus.

Ivo hielt Toni noch an der Schulter zurück und murmelte: »Cool bleiben, Toni.« Aber es war zu spät.

Toni warf Schäfer die Handschuhe ins Gesicht und rief: »Na, dann suchen Sie sich am besten für den Rest des Spieles schon mal einen neuen Torwart! Ohne Clemens stell ich mich nämlich nicht mehr in den Kasten!«

Toni merkte, dass sie plötzlich vom Rest der Mannschaft umringt waren.

Schäfer sah ihn mit funkelnden Augen an. »Sonst noch jemand?« Er hob die Handschuhe auf, drückte sie Toni fest vor die Brust und knurrte: »Ist hier sonst noch jemand, der während des Spiels etwas gegen meine Entscheidungen sagen will? Ist hier sonst noch jemand, der sofort aus dem Verein fliegen will?«

Alle schwiegen. Sogar Vinz und Ivo wagten es nicht, den Mund aufzumachen.

»Pack dein Zeug, Anton Michaelis. Und lass dich hier nie wieder blicken! Kapiert? Nie wieder!«

Toni trat aus dem Kreis der Mitspieler. »Ich pfeif auf Ihren Schrott-Verein!«, schrie er und rannte zu Clemens, der schon auf dem Weg zu den Kabinen war.

»Glaubt ja nicht, dass euch ein anderer Verein aufnimmt!«, rief Schäfer hinter ihnen her. »Ich werde schon dafür sorgen, dass es keiner tut, ihr Rotzlöffel!«

Aber das war Toni egal. Zumindest in diesem Augenblick. Der Schiedsrichter fragte, ob er nun endlich das Spiel weiterlaufen lassen könne, und Toni stolperte mit Clemens in die Umkleidekabine.

# 2. Kapitel

Das Betreten des alten Fabrikgeländes war strengstens verboten.

Toni bog ein Stück vom Maschendraht beiseite und schlüpfte durch das Loch. Er lief hinter den kaputten Zapfsäulen der alten Tankstelle vorbei, ließ die große Maschinenhalle links liegen und betrat das Kesselhaus durch die kleine Seitentür. Dort wartete er, bis sich seine Augen an das dämmrige Licht gewöhnt hatten. Die Sonnenstrahlen drangen nur mit Mühe durch die kleinen, völlig verstaubten Scheiben. Die großen Kessel standen wie eine Mannschaft dicker, gefräßiger Roboter vor ihm. Toni stieg die verrostete Leiter zwischen dem gelben und dem hellblauen Kessel hinauf, balancierte oben über eine schmale Brücke und kam so zu einer Tür, durch die er auf eine Art Balkon in die ehemalige Schlosserei der Fabrik gelangte. Zu diesem Balkon hatte früher ein Kran gehört, von dem aber nur noch ein Stahlträger, der in die Halle ragte, übrig geblieben war. Eine schmale Betontreppe führte an der Wand hinab zu den Werkbänken, Bohrmaschinen und Schränken, in denen Werkzeuge und Materialien gelagert worden waren. Dieser umständliche Weg war der einzige Zugang zur Schlosserei. Sowohl der Haupteingang vom Hof als auch der Nebeneingang zum kleinen Treppenhaus waren zugemauert und die Fenster lagen zum Reinklettern zu hoch und waren obendrein vergittert.

Es hatte lange gedauert, bis Toni, Vinz, Ivo und Clemens ihr Versteck entdeckt und eingerichtet hatten. Aber die Mühe hatte sich gelohnt, fand Toni. Selbst vom Balkon aus konnte man sie nur in einem alten Autospiegel sehen – und das auch nur, wenn man wusste, wonach man suchte.

Er stieg die Betontreppe hinab, ging um eine Werkbank herum und öffnete die Tür eines ehemaligen Materialschranks, dessen Rückwand herausgebrochen war. Er schloss die Tür hinter sich und trat in einen niedrigen, mit Blechen überdachten Gang, von dem aus er zwischen zwei weiteren Stahlschränken in den *Tempel* kam. Der *Tempel*, wie die vier Freunde ihren Treffpunkt nannten, glich eher einem ziemlich heruntergekommenen Wohnzimmer: Eine alte Matratze lag auf dem Boden, ein wackliger Stuhl, ein verrosteter Campingtisch, ein paar Polster einer längst ausrangierten Polstergarnitur, ein völlig verwahrloster Sessel und eine alte Stehlampe waren hier zu finden. Ferner ein paar Schläuche, die Frischluft ins Versteck leiteten, und ein alter Autospiegel, der so justiert war, dass man von der Matratze aus den Eingang der Schlosserei im Blick hatte.

»Hallo, Partner!« Clemens hockte auf der Matratze mit dem Rücken zur Betonwand und zeigte mit dem Kinn auf den Rückspiegel. »Hab dich kommen sehen.«

»Hallo, Clemens.« Toni schob ein paar leere Kekspackungen vom Sessel. »Ich fürchte, wir müssen mal wieder aufräumen.«

Allerlei Comichefte, eine Spielesammlung, die Ivos Vater schon seit Monaten suchte, leere Flaschen und jede Menge Schrott aus der Fabrik, der den Freunden irgendwie nützlich erschienen war, lagen hier herum. Aber es gab an diesem letzten Sonntag im Schuljahr Wichtigeres zu besprechen als die Ordnung im *Tempel*. Clemens hatte Neuigkeiten.

»Mehmet, Fabio und Roland sind auch aus dem *TUS* ausgetreten. Direkt nach dem verlorenen Spiel.« Er lehnte seinen Lockenkopf an die Betonwand hinter der Matratze. »Schäfer hat angeblich gesagt, dass er froh ist, wenn die Pfeifen endlich seinen Verein verlassen.« Clemens pfiff verächtlich durch die Zähne. »*Sein* Verein, dass ich nicht lache! Als würde der *TUS* ihm gehören!«

Toni setzte sich verkehrt herum auf den wackligen Stuhl und stützte die Arme auf die Lehne. »Meinst du, dass wir wirklich in keinen anderen Verein eintreten dürfen?«

Clemens schüttelte den Kopf. »Das ist Quatsch. Ich hab schon mit meinen Eltern gesprochen. Das kann Schäfer gar nicht verhindern. So mächtig ist er nicht. Mein Vater meinte, dass er uns nur Angst machen wollte, der Doofmann.« Clemens seufzte. »Aber es wird trotzdem schwierig, einen guten Verein zu finden. Zu *Blau-Weiß* will ich nicht, da sind die ganzen Idioten aus unserer Parallelklasse drin.«

Toni nickte. *Blau-Weiß* trainierte zwar ganz in der Nähe der Schule, aber die Jungs kannte auch er. Schlimm genug, wenn sie zweimal pro Saison gegen diese Typen antreten mussten.

»Für den *SC* sind wir zu schlecht und viel mehr gibt's ja gar nicht in unserer Gegend.« Clemens ließ den Kopf hängen.

»Was ist mit dem Klub am Graben? Die haben doch auch eine Jugendmannschaft.«

Aber Clemens runzelte die Stirn. »Die sind zu teuer, sagt meine Ma.«

Toni schnaufte durch die Nase. So schwierig hatte er sich das nicht vorgestellt. »Und in welchen Verein wollen Mehmet und Fabio gehen?«

Clemens zuckte mit den Schultern. »Keine Ahnung. Viel Geld haben ihre Eltern nicht. Vermutlich will Fabio sowieso nie wieder mit Mehmet in einer Mannschaft spielen. Ihre einzige Gemeinsamkeit war ja, dass beide Schäfer bescheuert fanden.« Er seufzte. »Kein Urlaub, Schrott-Zeugnis, kein Fußball mehr – fehlt nur noch, dass hier im *Tempel* der Blitz einschlägt oder ich mir ein Bein breche.«

»Mal den Teufel nicht an die Tempelwand!«, rief Vinz, der in diesem Augenblick zusammen mit Ivo das Versteck der Freunde betrat. »Ich habe gute Neuigkeiten für euch.«

Ivo hockte sich neben Clemens auf die Matratze, während Vinz einen alten Klappstuhl aus einem der Stahlschränke holte und sich breitbeinig darauf setzte.

»Schäfer ist bereit, euren Rauswurf rückgängig zu machen, wenn ihr euch bei ihm in aller Form vor der ganzen Mannschaft entschuldigt und versprecht, dass so etwas nie wieder vorkommt.« Vinz sah von Clemens zu Toni und strahlte. »Na, wie habe ich das hingekriegt? – Ein Telefonat von meinem Daddy und schon läuft der Laden wieder. Und Roland sind wir bei der Gelegenheit auch gleich losgeworden. Für den gilt diese Regelung nämlich nicht, sagt Schäfer.«

Toni war sprachlos. Da saß sein Freund Vinz im *Tempel,* grinste fett und schien doch tatsächlich zu glauben, dass er mit seinem »Daddy« das Problem mit Schäfer aus dem Weg geräumt hätte. Da kannte Vinz Toni aber schlecht.

»Eine gute Nachricht nennst du das?« Toni schüttelte den Kopf. »Glaubst du im Ernst, dass ich mich bei Schäfer entschuldigen werde? Wenn sich jemand entschuldigen und ändern muss, dann doch wohl Schäfer!«

Vinz' Grinsen gefror. »Spinnst du? Er ist der Trainer.«

»Er ist ein Mistkerl«, sagte Clemens trocken. »Und bei einem Mistkerl entschuldige ich mich nicht. Niemals.«

Vinz schien die Welt nicht mehr zu verstehen. »Seid

ihr verrückt geworden? Ihr habt den Trainer während des Spiels angemacht. Ist doch logisch, dass er da hart reagiert. Okay, vielleicht ein bisschen zu hart, aber trotzdem. Schließlich hast du wirklich schlecht gespielt, Clemens.«

»Weil ich auf der falschen Position war!«, fuhr Clemens Vinz an.

»Außerdem ist Schäfer total ungerecht«, fügte Toni hinzu. »Und das nicht erst seit gestern.«

Ivo nickte. »Stimmt, aber er ist ein guter Trainer.«

Toni schüttelte den Kopf. »Für mich nicht. Mir erklärt er nichts, macht so gut wie nie ein Torwarttraining und motzt dann bei den Spielen rum. – Das nenne ich nicht gerade ›gutes Training‹.«

»Ich raff es nicht!«, rief Vinz plötzlich ziemlich wütend dazwischen. »Ich schmeiß mich für euch in die Bresche, bequatsch meinen Daddy, dass er bei Schäfer anruft, und ihr pfeift auf den Verein? Was seid ihr denn für Idioten?«

»Jetzt halt aber mal die Luft an!« Toni spürte, dass er knallrot wurde. »Vielleicht hättest du uns vorher fragen sollen, ob wir die Hilfe von dir und deinem Papi überhaupt wollen! – Außerdem hast du immer noch nicht kapiert, worum es geht!«

»Das Gefühl habe ich allerdings auch!«, rief Vinz. »Ich dachte nämlich, es ginge um Fußball!«

»Eben nicht!«, gab Toni zurück. »Es geht um Schäfer und dass er total ungerecht ist.«

»Ein Mistkerl eben«, knurrte Clemens. »Aber warum regt ihr euch deshalb so auf?«

»Weil ich es nicht kapiere!« Vinz sprang auf.

»Auf wessen Seite stehst du eigentlich?« Toni verschränkte die Arme vor der Brust.

Vinz schüttelte den Kopf. »Ich? Warum geht es denn jetzt plötzlich um mich? Ich will nur Fußball spielen, kapiert, Toni?«

»Ich auch!« Toni sprang auf und machte einen Schritt auf Vinz zu. »Aber ich will mich dabei nicht beschimpfen lassen, und ich will nicht, dass einer meiner besten Freunde aus dem Verein geworfen wird, nur weil er einen schlechten Tag hat. Ist das zu viel verlangt?«

»Er kann doch wieder rein! Was wollt ihr denn noch?«

»Wir wollen einen anderen Trainer«, sagte Clemens. »Und das heißt: einen anderen Verein.«

»Ohne mich.« Vinz drehte sich um. »Garantiert ohne mich.«

Und ehe Ivo, Clemens oder Toni etwas sagen konnten, hatte Vinz den *Tempel* verlassen.

# 3. Kapitel

Ein Briefchen.

Es war ein Briefchen, das Clemens Toni am letzten Schultag vor den Sommerferien zuschob.

»Wie heißt das Fremdwort für Tuwörter?« Herr Erdmann zeigte sich mal wieder von seiner gnadenlosen Seite. Er unterrichtete bis zur letzten Stunde den trockensten Stoff der Welt: Grammatik. Dass er keine Hausaufgaben über die Sommerferien aufgab, grenzte an ein Wunder. Kein anderer Lehrer machte noch Unterricht, die Zeugnisse waren bereits geschrieben und warteten nur darauf, nach der Stunde verteilt zu werden. Das, was Erdmann jetzt erzählte, hatte die Klasse in sechs Wochen garantiert wieder vergessen. Mit Frau Backe hatten sie schon am Vortag gekocht, bei der Gratwohl-Berger hatten sie in der Mathestunde Kreuzworträtsel gelöst und Witze erzählt, und Frau Brenz, die Schuldirektorin, war sogar mit einer Ladung Eis durch die Klassen spaziert. Das

Schuljahr war gelaufen. Nur das dämliche Erdmännchen da vorn hatte es noch nicht kapiert und machte das, was es am liebsten machte: Grammatik. »Nur wer richtig spricht, kann auch richtig denken«, pflegte der Deutschlehrer zu behaupten. Aber diesen Unsinn hatte Toni noch nie so recht geglaubt.

Toni faltete den Zettel von Clemens auseinander. *Hast du einen Verein gefunden?*, stand darauf.

Toni stellte sein Deutschbuch aufrecht hin, damit Erdmann nichts mitbekam, und kritzelte auf das Papier: *Nein*. Dann schob er den Zettel unter der Bank wieder zu Clemens zurück.

Erdmann nahm Rosa dran. Aber Rosa hatte geschlafen und wusste weder die Frage, geschweige denn die Antwort darauf.

»Kannst du mir wenigstens ein Beispiel für ein Tuwort geben?«, hakte Erdmann nach, aber Rosa war inzwischen schon wieder eingenickt.

Clemens' Antwort kam postwendend. *Was jetzt?*, stand auf dem Zettelchen.

Und diese Frage hatte sich Toni in den letzten Tagen auch gestellt. Was sollten sie tun? Sie konnten natürlich auch ohne Sportverein Fußball spielen. Das bedeutete aber, dass sie keinen richtigen Platz und keinen Trainer haben würden. Und vor allem: Ohne Verein konnten sie sich nicht zu den Turnierspielen in der nächsten Saison anmelden. Und wenn Toni eins wollte, dann ein Spiel gegen den *TUS Altenburg* gewinnen. Mit welchem Verein auch immer.

»Leute, das Schuljahr ist noch nicht vorbei! Ich kann noch immer die Noten auf euren Zeugnissen ändern, wenn's sein muss.« Erdmann marschierte ziemlich ungeduldig vor der Tafel auf und ab. »Also reißt euch zusammen, ein paar Tuwörter, bitte! Marie.«

»Backen, laufen, reden, gehen«, sagte Marie.

»Na also! Und wie nennt man diese Wörter mit dem Fremdwort?«

In diesem Augenblick durchzuckte Toni ein kleiner, kurzer Schauer. Er hatte das Gefühl, als würde ihm jemand plötzlich die Tomaten von den Augen reißen! Natürlich gab es eine Lösung! Und die Lösung war ganz einfach! Wenn es keinen Verein gab, der zu Clemens und ihm passte, dann mussten sie eben selbst ... Er drehte den Zettel herum und kritzelte los: *Wir gründen selbst einen ...*

Aber weiter kam er nicht, denn von vorn rief Herr Erdmann ziemlich säuerlich: »Anton Michaelis, du bist dran! Wie heißt das Fremdwort?«

Aber Toni war völlig in seine Fußballgedanken abgetaucht und obendrein aufgeregt von dem Geistesblitz, den er gerade gehabt hatte. Und ehe er seine Zunge unter Kontrolle bekommen konnte, öffnete sich schon sein Mund, und er hörte sich selbst sagen: »Fußballverein.«

Eine Schrecksekunde lang herrschte absolutes Schweigen in der Klasse. Dann brach ein Sturm des Gelächters los. Toni selbst musste auch schmunzeln. Er ahnte, dass seine Antwort etwas daneben gewesen war. Aber Wörter, die man einmal gesagt hat, kann man eben nicht mit einem Lasso einfangen und zurück in den Mund ziehen – so praktisch das auch manchmal wäre.

»Du bist einfach genial!«, flüsterte Clemens von rechts. »Genau so machen wir das.« Er hatte den Zettel in der Hand.

»Du tickst doch nicht mehr richtig«, flüsterte Veronika von links. »Falls er dich noch mal fragt, sag lieber ›Verb‹. Sonst ändert er wirklich noch die Note auf deinem Zeugnis.«

»Danke dir«, flüsterte Toni Veronika zu und meldete sich.

Erdmann schüttelte den Kopf. »Hast du noch so einen Spruch auf Lager, Anton?«

»Ich meinte Verb, nicht Fußballverein«, sagte Toni.

Jetzt musste sogar der strenge Herr Erdmann grinsen. »Na endlich! Besten Dank für die richtige Antwort, Veronika! Aber das nächste Mal meldest du dich bitte schön selbst!«

Toni wurde knallrot. Wieso merkte der Erdmann immer gleich, wenn Veronika ihm etwas vorsagte?

Zum Glück erlöste die Schulglocke die Klasse von ihren Qualen.

»Okay, ihr kommt jetzt nach vorn und holt euch die Zeugnisse ab!«, rief Herr Erdmann. »Einer nach dem anderen!«

Aber das ging schon im allgemeinen Stühlerücken und Geschrei unter: Die ganze Klasse stürmte nach vorn. Jeder ließ sich sein Zeugnis möglichst schnell von Erdmann geben und verließ fluchtartig das Klassenzimmer. Vinz und Ivo waren mal wieder die Ersten. Vinz winkte Toni und Clemens, dass sie schnell kommen sollten. Aber Toni hatte keine Eile. Schließlich hatte er mit Clemens noch etwas zu besprechen …

# 4. Kapitel

Toni, du spinnst!«
Familie Michaelis saß auf der Terrasse ihrer absoluten Lieblingspizzeria und wartete auf den Nachtisch. Jost und Nina Michaelis konnten mit ihren Kindern zufrieden sein: Sowohl Lisa als auch Toni wurden in die neuen Klassen versetzt, und sie hatten es sogar mal wieder geschafft, keine Fünfen im Zeugnis zu haben. Aber selbst wenn eine Fünf dabei gewesen wäre und selbst wenn Toni oder Lisa sitzen geblieben wären, das Pizza-Essen am letzten Schultag vor den großen Sommerferien war den Michaelis heilig. Sogar die Mutter von Lisa und Toni hatte es geschafft, ihren Dienst zu tauschen, sodass sie auch in diesem Jahr wieder mit am Tisch sitzen konnte. So gesehen konnten also auch Lisa und Toni mit ihren Eltern zufrieden sein. Aber so zufrieden die Eltern auch mit den Zeugnissen und die Kinder mit der Pizza waren, so unzufrieden waren die Eltern mit Tonis Idee und Toni mit der Reaktion seiner Eltern.

»Wieso spinne ich?«, fragte Toni. »Ich will doch nur einen Fußballverein gründen. Clemens macht mit, und Mehmet und Fabio sind bestimmt auch sofort dabei, wenn wir sie fragen.«

Der Kellner räumte die leeren Pizzateller ab. Tonis Mutter lächelte ihm zu, und auch sein Vater wartete, bis er außer Hörweite war. »Das ist doch totaler Unfug«, sagte er dann. »Du kannst keinen Fußballverein gründen, Toni.«

»Und warum nicht?«, fragte Toni.

»Weil du zu jung bist«, sagte seine Mutter.

Toni verdrehte die Augen. – Als ob er das nicht selbst wüsste! Für wie blöd hielt seine Mutter ihn eigentlich? »Deshalb sollt *ihr* ja den Verein gründen!«

Sein Vater schüttelte den Kopf. »So weit kommt's noch, dass ich einen Verein gründe. Wie stellst du dir das vor? Soll ich etwa Kassenwart werden und Nina ist die Vorsitzende?«

»Dafür haben wir doch gar keine Zeit«, pflichtete Nina Michaelis ihrem Mann bei.

»Jetzt stellt euch doch nicht so doof an«, schaltete sich Lisa ein. »Toni hat recht: Schäfer war wirklich bescheuert zu den Jungs. Und die anderen Vereine in der Nähe passen einfach nicht. Warum wollt ihr denn keinen Verein gründen? Ihr müsst es ja nicht allein machen.«

»Ich kann alles organisieren«, sagte Toni. »Und auf die Vereinskasse kann ich auch aufpassen.«

Seine Eltern sahen sich an.

»Ich habe überhaupt keine Ahnung, was man tun muss, um einen Verein zu gründen.«

Das klang schon besser, fand Toni. Es klang nämlich so, als könnte Toni seine Mutter vielleicht überreden, wenn sein Vater mitziehen würde.

»Was sagen denn Clemens' Eltern?«, fragte sein Vater mit einer tiefen Sorgenfalte auf der Stirn.

»Die haben gesagt, dass sie mitmachen, wenn ihr mitmacht«, erwiderte Toni. »Und der Vater von Clemens hat auch schon mal einen Verein gegründet. Das ist nicht so kompliziert, hat er gesagt. Wichtig ist nur, dass wir genug Leute finden. Und Clemens' Mutter kann die Trikots entwerfen.«

Der Kellner brachte den Nachtisch: das beste Eis der Stadt.

»Ich muss da erst noch in Ruhe drüber nachdenken«, sagte sein Vater.

Toni nickte. Das war schon mal ein gutes Zeichen. Andererseits brauchte er ziemlich schnell eine Antwort, denn wenn sie in der nächsten Saison schon mitspielen wollten, mussten sie sich bald beim Kreisverband melden. Das hatten Toni und Clemens schon herausgefunden. »Könntest du darüber schnell in Ruhe nachdenken?«, fragte er kleinlaut und legte den Kopf schief. »Ich würde euch sogar mein Eis schenken, wenn ihr ›Ja‹ sagt.«

Die Eltern mussten lachen.

»Reicht dir heute Abend?«, fragte Nina Michaelis.

Toni nickte gönnerhaft. »Ich denke schon.«

Lisa zwinkerte ihm zu und flüsterte: »Überleg dir schon mal einen Vereinsnamen!«

»Wir brauchen einen Vereinsnamen und vor allem mehr Spieler!« Toni saß am Abend mit Clemens im *Tempel* und plante, dass die Köpfe qualmten. Ihre Eltern hatten sich tatsächlich breitschlagen lassen, einen eigenen Fußballverein zu gründen.

»Mehmet und Fabio habe ich schon angerufen«, sagte Clemens. »Die sind dabei, wenn das Ganze nicht zu teuer wird.«

»Dann sind wir aber erst vier«, meinte Toni. »Für ein gescheites Training müssen wir mindestens zehn sein.«

»Ich will auch Roland fragen.« Clemens saß im Schneidersitz auf der Matratze und strich sich eine Locke aus der Stirn. »Sein Vater könnte in seiner Firma nämlich unsere Trikots bedrucken und sie uns billiger verkaufen.«

Toni nickte. »Falls Roland überhaupt noch Lust auf Fußball hat. – Was ist mit Ivo und Vinz?«

Aber Clemens wiegte den Kopf. In diesem Augenblick verriet ein quietschendes Geräusch über ihnen, dass sich jemand näherte. Clemens warf einen Blick in den Autospiegel. »Die kommen wie gerufen«, murmelte er.

Kurz darauf betraten Vinz und Ivo das Versteck der vier Freunde. Aber auf Tonis Frage, ob sie beim *TUS* austreten und in ihren neuen Fußballverein eintreten würden, schüttelte Vinz nur den Kopf und knurrte: »Habt ihr immer noch nicht genug? Ich bleibe beim *TUS* und Schluss.«

Und auch Ivo hatte keine Lust, den Verein zu verlassen. Toni war ein bisschen enttäuscht von den beiden. Zumindest von Ivo hätte er erwartet, dass er länger darüber nachdenken würde. Andererseits hatten Ivo und Vinz von Schäfer nichts zu befürchten, schließlich hielt er die beiden für zwei ganz großartige Fußballer.

»Macht nichts«, sagte Clemens. »War ja nur 'ne Frage.« Und dann fragte er Vinz über die Ferien aus, wo er mit seinen Eltern hinfliegen würde und wann er wieder da wäre. Auch von Ivo wollte Clemens die Reisedaten ganz genau wissen, und Toni fragte er, ob sie in diesem Jahr nach Holland oder nach Dänemark ans Meer fahren würden. Toni hätte lieber weiter über den neuen Verein gesprochen, aber wenn Vinz dabei war, hätte es sowieso nur Streit gegeben. Da war er sich ziemlich sicher.

Aber Vinz hatte anscheinend einen streitsüchtigen Tag. »Wollt ihr echt einen eigenen Fußballverein gründen? Wie soll der denn heißen?«, fragte er spöttisch.

Clemens und Toni sahen sich an und zuckten mit den Schultern.

»*Die Pfeifen* fänd ich passend«, feixte Vinz und warf ein verrostetes Stück von einem Rohr in die hintere linke Ecke des *Tempels*.

Toni ballte wütend die Fäuste. »Ich weiß gar nicht, was du hast, Vinz! Wir kommen mit Schäfer nicht klar und machen deshalb unser eigenes Ding. Warum kapierst du das nicht?«

»Weil es nichts wird mit eurem Verein!«, rief Vinz. »Ihr tickt doch nicht mehr richtig! So einen Fußballverein kann man nicht von heute auf morgen gründen! Wo wollt ihr die Leute hernehmen? Habt ihr überhaupt schon sieben Spieler? Und wenn wir im übernächsten Jahr auf dem großen Feld spielen, dann braucht ihr sogar elf. Und wo nehmt ihr Trikots her? Oder malt ihr die selbst? Vielleicht mit Fingerfarbe?« Vinz redete sich richtig in Rage.

Toni musste sich große Mühe geben, nicht zu explodieren. Warum konnte sein Freund ihn nicht einfach in Ruhe den neuen Verein gründen lassen?

»Das kriegen wir schon alles hin!«, rief er. »Wart's ab.«

»Das werde ich abwarten«, knurrte Vinz. »Ganz geduldig. Wenn ich aus Spanien zurückkomme, bin ich sehr gespannt, ob ihr schon eine Mannschaft habt. – Die *Super-Pfeifen* find ich übrigens noch besser! Und eure Mitspieler holt ihr euch am besten vom Bolzplatz an der Mühle und vom Hinterhof! Die *Super-Pfeifen und Hinterhofkicker.*«

Toni holte zum Schlag aus. Aber Vinz war sein Freund. Und mit einem Freund prügelt man sich nicht. Anderer-

seits war das, was Vinz von sich gab, wirklich eine Frechheit. Und das wollte er Vinz auch gerade ins Gesicht schreien, als Clemens vergnügt sagte:

»Danke, Vinz. Das sind ja lauter prima Ideen! *Super-Pfeifen* ist ein klasse Name. Und die Bolzer von der Mühle werde ich echt fragen. Da ist doch so ein griechischer Junge bei, der kickt gar nicht mal so schlecht!«

Vinz starrte Clemens an. »Du meinst Tsatsiki? Mit dem willst du einen Verein gründen?«

»Yes, Vinz. Mit diesem Jungen und seinen Kumpels vom Bolzplatz. – Und wenn du aus dem Urlaub zurückkommst, dann haben wir vielleicht sogar schon Trikots«, fügte Clemens mit einem geheimnisvollen Lächeln hinzu.

# 5. Kapitel

Die ersten Tage der Sommerferien waren Tonis absolute Lieblingstage – mal abgesehen von seinem Geburtstag und Weihnachten. Er wachte schon um Viertel vor sieben auf, konnte sich aber genüsslich in die Kissen zurücksinken lassen und musste sich bei nichts beeilen. Er konnte stundenlang mit Lisa frühstücken, ewig auf dem Klo rumtrödeln und sich erst mittags richtig anziehen, wenn er wollte.

In diesem Jahr wurde er allerdings täglich um zehn von Clemens abgeholt, damit sie alle Bolzplätze, Garagen- und Hinterhöfe abklappern konnten. Denn in den Sommerferien wurde an allen Ecken und Enden des Viertels gekickt. Toni und Clemens kannten bald nicht nur alle Jungs im Viertel: Sie kannten auch deren Eltern, wussten, wer schon in einem Fußballverein war, wer Judo oder Tennis trainierte und deshalb keine Zeit mehr hatte und welche Mütter und Väter von Sportvereinen nichts hielten. Aber vor allem lernten sie zu unterscheiden, wer nur rumbolzte und wer wirklich spielen konnte.

Die beiden Freunde hatten schnell ein ganz gutes System entwickelt: Erst kickten sie ein bisschen mit, dann versuchten sie rauszufinden, wer in ihrem Alter war, und beobachteten die Spieler genau. Am Schluss ließen sie dann einfließen, dass sie einen Fußballverein gegründet hatten und noch Mitspieler suchten. Die meisten Jungs schüttelten erst mal den Kopf. Das sei doch sowieso zu teuer und würde nichts bringen. Aber sobald Toni seinen Supertrumpf ausspielte, bissen sie alle an: Sie würden ihr Training auf einem der Nebenplätze am Südstadion abhalten. Das hatte Clemens' Vater mit der Stadt und dem Platzwart ausgehandelt. Und das hieß: Rasenplatz mit echten Toren und sogar eine Flutlichtanlage im Herbst.

»Und wer ist euer Trainer?«, fragte Kevin, ein kleiner, drahtiger, ziemlich verbissener Hinterhofkicker, dessen Gesicht mit Sommersprossen übersät war.

»Keiner«, sagte Toni. »Wir wollen keinen Schreihals am Spielfeldrand. Wenn wir uns zusammenreißen, kriegen wir das Training auch selber hin.«

Das schien Kevin nicht zu schmecken, aber schon eine Woche später flatterte seine Anmeldung bei Familie Michaelis auf den Küchentisch. Und mit ihr sieben weitere! Da auch Roland, Mehmet und Fabio schon im neuen Verein waren, hatten sie plötzlich dreizehn Spieler!

»Jetzt müsst ihr schleunigst aufhören, Werbung zu machen«, sagte Tonis Vater am Abend, als er mit Clemens, Toni und Lisa die Anmeldungen sichtete und sortierte. »Sonst kommt ihr mit dem Platz am Südstadion nicht aus und müsst eine zweite Mannschaft für die nächste Saison anmelden.«

In diesem Augenblick klingelte es. Toni sprang auf und rannte zur Wohnungstür.

Im Treppenhaus stand ein ziemlich breiter Junge, der ein gutes Stück größer war als Toni, und fragte: »Bist du der Milchbubi, der Fußballer sucht?«

Toni kniff die Augen zusammen. Er hatte den Jungen früher schon mal gesehen.

Er wurde von allen nur »Tsatsiki« genannt, weil er Grieche war. Toni und Clemens hatten auf dem Bolzplatz und in den Hinterhöfen vergeblich nach ihm Ausschau gehalten. So einen Typ wie diesen Jungen konnten sie ganz gut gebrauchen. Aber selbst wenn es Ronaldo persönlich gewesen wäre, wollte sich Toni nicht »Milchbubi« nennen lassen!

»Nein, dieser Milchbubi bin ich nicht.« Er schloss die Tür.

»Moment mal, Kevin und Ali haben gesagt, dass du noch Spieler suchst!«, rief der Junge und hämmerte an die Wohnungstür. »Ich bin ein spitzenmäßiger Stürmer!«

Toni verdrehte die Augen. Der Kerl war nicht nur breit und groß, er war auch noch ein schlimmerer Angeber als Vinz! Toni riss die Wohnungstür wieder auf und zischte: »Ich suche Fußballer, das stimmt, aber ich bin kein Milchbubi. Also bist du bei mir falsch, kapiert, Tsatsiki?«

»Und ich heiße nicht Tsatsiki, kapiert? Ich nenn dich ja auch nicht Sauerkraut oder Bratkartoffel!«, rief der Junge. Und etwas kleinlauter fügte er hinzu: »Außerdem war das mit dem Milchbubi nicht so gemeint.« Er streckte Toni seine breite Tatze entgegen. »Ich bin Lexi.«

Toni schüttelte verdutzt die Hand. »Toni, ich heiß Toni.«

»Und ich bin Lisa«, sagte Tonis Schwester, die plötzlich im Flur auftauchte. »Ich spiel zwar nicht mit, aber hier ist das Anmeldeformular für den Verein. Das musst du deine Eltern unterschreiben lassen. Das erste Training ist am Dienstag in zwei Wochen um drei. Pünktlich, wenn ich bitten darf.«

Lexi starrte Lisa an, als hätte ihn der Donner gerührt, ließ sich von ihr das Anmeldeformular in die Hand drücken und tappte nachdenklich die Treppe hinunter, ohne sich zu verabschieden.

Als Toni und Lisa die Küche wieder betraten, rief Clemens, der von der Küchenbank aus alles mitgehört hatte: »Weißt du, wer das war, Toni? Das war Tsatsiki! Mit dem besiegen wir alle!«

»Erstens heißt er Lexi, das hast du doch gehört, Clemens!« Toni setzte sich wieder an den Küchentisch. »Und zweitens ist er ein Angeber. Das gibt bestimmt Streit mit dem Kerl.«

Tonis Vater zuckte mit den Schultern und sagte: »Hauptsache, ihr habt einen brauchbaren Stürmer, vor dem die anderen zittern.« Aber dann fiel sein Blick auf die Uhr über der Tür. »Verflixt, ich hab noch einen Termin mit einer Band! – Euer Abendessen steht im Kühlschrank. Nina muss auch gleich nach Hause kommen.« Er hechtete aus der Küche, machte im Flur kehrt, sah noch einmal herein und sagte: »Das habt ihr gut gemacht, Clemens und Toni. Hut ab!« Aber dann rannte er los, um für irgendeine Musikgruppe die Bühne aufzubauen.

Clemens blätterte die Anmeldungen noch einmal durch. »Wenn wir Lexi und Fabio als Stürmer nehmen, Mehmet, dieser fiese Kevin und ich uns das Mittelfeld teilen, dann fehlen nur noch ein paar brauchbare Abwehrspieler. Und die werden wir uns schon zusammentrainieren, Toni. Dann wird unsere Mannschaft top!«

Lisa holte eine Flasche Limonade aus dem Kühlschrank. »Also ich finde, wir stoßen endlich mal auf euren neuen Fußballverein an! Das ist doch echt spitzenmäßig gelaufen bis jetzt!«

Toni ließ sich neben Clemens auf die Eckbank gleiten und strahlte. Lisa hatte recht. Es war wirklich viel leichter gewesen, Leute zu finden, als er gedacht hatte. Er blätterte die Anmeldungen durch.

»Das wird noch ganz schön hart«, sagte Toni. »Die meisten können nur ein bisschen dribbeln oder benutzen eine Wand im Hinterhof als Bande, um an einem Gegner vorbeizukommen. Aber auf einem richtigen Fußballplatz gibt es keine Wände.«

Lisa reichte beiden Limonadengläser und schenkte auch sich selbst etwas ein. »Abwarten, Toni. Ihr kriegt das schon hin.« Sie stellte die Flasche zurück in den Kühlschrank und fragte: »Wie soll der Verein denn nun heißen? Oder habt ihr noch immer nicht über einen Namen nachgedacht?«

Toni grinste. »Den Namen haben wir schon längst.«

Clemens nickte. »Vinz hat uns ein paar prima Ideen geliefert.«

Lisa sah fragend von Clemens zu Toni. »Nämlich?«

Toni nippte schon mal an seinem Limonadenglas. »Vinz fand *Super-Pfeifen und Hinterhofkicker* passend.«

Lisa klappte der Unterkiefer runter. »Äh, wie? Soll das ein Witz sein?«

Clemens haute sich lachend auf den Schenkel. »Klar, das war ein doofer Vorschlag, weil der Name viel zu lang ist! Deshalb haben wir in der Mitte was rausgekürzt. Wir heißen jetzt ...«

»Die *Superkicker*!«, riefen Toni und Clemens wie aus einem Mund.

Lisa lachte schallend. »Perfekt! Der Name passt genau!«

Sie standen auf, prosteten sich zu und riefen: »Auf die *Superkicker*!«

# 6. Kapitel

Das erste Training der *Superkicker* endete in einer mittleren Katastrophe.

Toni hatte zwar in den Ferien jede Menge Fußballbücher aus der Stadtbücherei ausgeliehen und gelesen, aber das mit dem Trainieren war doch schwieriger, als er gedacht hatte. Schon als er eine Aufwärmübung von Schäfer vorschlug, begann Fabio zu maulen, dass er keine Lust habe, so weiterzumachen, wie er bei Schäfer aufgehört habe. Zum Glück war Mehmet noch bei seinen Verwandten in der Türkei. Sonst hätte er garantiert Streit mit Fabio, dem Faulpelz, angefangen.

Aber auch Lexi knurrte: »Mir ist schon warm genug. Ich dachte, hier geht's um Fußball.«

Es blieb ihnen nichts anderes übrig. Sie bildeten zwei Mannschaften, legten den Ball in die Mitte und rannten los. Fast alle stürzten sich gleichzeitig auf den Ball und verknoteten sich dort in einer wuseligen Menge.

Toni stand in seinem Tor und schüttelte den Kopf. Die zwei einzig Vernünftigen im Verein schienen Ali und – ausgerechnet – Roland zu sein. Ali lehnte sich im anderen Tor an den rechten Pfosten, und Roland stand wie immer links von Toni als Abwehrspieler herum und wartete auf einen Stürmer, vor dem er den Kopf einziehen konnte. Aber es kam kein Stürmer. Es kam noch nicht mal ein Ball. Toni jedenfalls konnte das Leder im Gewirr der vielen Beine nicht mehr sehen. Vermutlich hatte sich der Ball vom Mittelkreis des Feldes noch gar nicht wegbewegt, weil er zwischen Fabio, Kevin, Clemens und den anderen Jungs eingekeilt war.

»Ach, da ist er ja«, murmelte Toni, als Lexi es mit einem Gewaltschuss schaffte, den Ball einmal hoch in die Luft zu kicken.

Das Leder schlug neben den Jungs auf und kullerte auf Roland zu. Zwar stürmte nun die ganze Meute hinterher, aber sie erreichte den Ball nicht: Clemens stolperte über Lexis Füße, der langsamer geworden war, weil er Kevin am T-Shirt zurückhielt. Darüber geriet Kevin in solche Wut, dass er sofort zu einer saftigen Ohrfeige gegen Lexi ausholte, der sich aber duckte, sodass statt ihm Jamal den Schlag abkriegte. Kevin wollte sich gerade entschuldigen, als er von Jamal auch schon einen Rippenstoß verpasst bekam, während Lexi Clemens ein Bein stellte, weil dieser versuchte, ihn zu überholen – kurz: Es gab ein wildes

Geschubse, Geschiebe und nach kurzer Zeit eine saftige Schlägerei.

Toni raufte sich die Haare. So hatte er sich das Training nicht vorgestellt.

»Hört doch mal auf!«, rief er. Aber es achtete niemand auf ihn.

Stattdessen rannte nun auch Ali aus dem Tor, um seinem Freund Jamal, der von Kevin in den Schwitzkasten genommen worden war, zu Hilfe zu eilen.

»Also, ich habe ja überhaupt keine Ahnung von Fußball. Aber das da sieht nicht gerade nach Bundesliga aus.« Ein Mann lehnte sich an Tonis rechten Torpfosten und sah sich die Schlägerei auf dem Feld schmunzelnd an. »Wo steckt denn euer Trainer? Liegt der in der Mitte zwischen den Jungs?«

Toni seufzte. »Wir haben keinen Trainer – sieht man das nicht?«

Der Mann gab Toni die Hand. »Ich bin Micha Klobenstein, der Platzwart hier.«

»Angenehm, Toni Michaelis. Ich bin der Torwart.«

»Michaelis? Habe ich etwa mit deinem Vater gesprochen?« Der Platzwart war ziemlich groß. Und er hatte eine irre lange Nase, die beim Sprechen wackelte wie bei einem mümmelnden Kaninchen.

»Ja, stimmt, der hat mit Ihnen ausgemacht, dass wir hier trainieren dürfen. – Wobei man das nicht wirklich trainieren nennen kann.« Toni deutete mit dem Kinn in Richtung der Jungs. Es war schwer zu sagen, zu wem welcher Fuß und welche Faust gehörten. Der Fußball hingegen lag abseits irgendwo vor Rolands Füßen, der es kaum fassen konnte, dass er die Chance seines Lebens hatte, endlich mal ein Tor zu schießen, und deshalb völlig verdutzt auf das Leder starrte.

»Erstens kommt es ganz drauf an, was ihr trainieren wollt. Für die Schlägerei nach dem Spiel ist das da jedenfalls ein gutes Training«, sagte Micha Klobenstein. »Zwei-

tens bin ich Micha und werde hier geduzt, nicht gesiezt. Und drittens kenn ich deinen Vater nicht nur vom Telefon. Der baut doch Bühnen, oder?«

»Ja, macht er.« Toni verstand überhaupt nichts mehr. Was hatte der Platzwart Micha mit seinem Vater und dem Bühnenbau zu tun? Und warum dachten diese dämlichen Jungs nicht endlich wieder ans Fußballtraining?

»Ich hab deinen alten Herrn gestern Abend getroffen. Da hat er die Bühne für eine Rockband aufgebaut. Bei denen war der Schlagzeuger ausgefallen und da bin ich eingesprungen.« Micha grinste, deutete mit dem Kopf in die Richtung, in der sein Rasenmäher-Traktor auf dem Rasen stand, und sagte: »Wenn ich den ganzen Tag auf dem da sitze, muss ich mich abends im Probenraum abreagieren.«

»Hier scheinen sich alle abreagieren zu müssen.« Toni ließ sich am Torpfosten runtergleiten und schüttelte enttäuscht den Kopf.

»Ach, du meinst, die Jungs sollten langsam aufhören? Da hab ich was für dich.« Micha ließ eine Trillerpfeife in Tonis Schoß fallen.

Toni schüttelte den Kopf. »Das ist nett, danke. Aber ich befürchte, das reicht bei meinen Hinterhofkickern nicht.« Er ließ trotzdem einen gellenden Pfiff los, der aber nur dafür sorgte, dass Roland zusammenzuckte, zu ihm herübersah und fragte: »Was hab ich falsch gemacht?« Die anderen Jungs ließen sich hingegen nicht bei ihrer Klopperei stören.

Micha zog die Augenbrauen hoch. »Na, wenn die so drauf sind, dann müssen wir wohl härtere Geschütze auffahren.« Er schwang sich auf seinen Rasenmäher und kam wenig später mit einem Gartenschlauch zurück. »Kühlen wir die Gemüter ein bisschen ab. Wasser marsch!«

Es dauerte keine dreißig Sekunden, bis die Schlägerei zu Ende war. Nass, verbeult und wütend standen sie nun vor Toni und Micha: die gebadeten *Superkicker*.

»Hi, Leute, ich bin Micha, der Platzwart. Ich wollte euch nur dran erinnern, dass das ein Fußballplatz ist und ihr kein Rugbyteam seid.« Er rollte den Schlauch wieder ein, kletterte auf seinen Rasenmäher und brauste davon.

Micha hatte zwar damit die Schlägerei beendet. Dämlicherweise war nun aber auch das erste Training zu Ende. Denn nach der Schlägerei herrschte schönste Einigkeit unter den Spielern.

»In nassen Klamotten spiel ich nicht«, sagte Lexi. »Da holen wir uns ja die Pest ins Herz!«

»In die Lunge!«, verbesserte Kevin und kassierte dafür von Lexi schon wieder einen Tritt.

Toni gab auf. Er schnappte sich den Ball und schlurfte in die Kabine. Für heute konnte er das Training offensichtlich vergessen.

»Wisst ihr, was unser Vorteil ist?«, fragte Lexi, als sie

sich die Trainingsanzüge überzogen. »Wir können nicht absteigen.«

Toni lachte bitter. »Stimmt. Wir werden Gruppenletzter. Und von da aus gibt es kein ›Unten‹ mehr.«

Aber Lexi schien das nicht zu stören. »Na eben!«, rief er freudestrahlend. »Das ist doch ein Riesenvorteil für uns!«

»Aber nächste Woche sollten wir trotzdem mit einem richtigen Training anfangen«, sagte Fabio. »Schließlich dauern auch die Sommerferien nicht ewig. Und in der zweiten Schulwoche ist ja schon der erste Spieltag.«

# 7. Kapitel

Milch kocht plötzlich.
Sie qualmt und qualmt, und plötzlich kocht sie, und dann schäumt sie auch schon über, und der ganze Herd ist bedeckt von Milch, und es riecht gar nicht gut. Genauso war es auch mit den Sommerferien. Sie dauerten und dauerten, und plötzlich waren sie vorbei, und die Schule fing wieder an, und das schmeckte Toni überhaupt nicht.

Dabei hatte die Schule auch Vorteile: Vinz und Ivo waren aus dem Urlaub zurück. Auch auf Veronika, seine Banknachbarin, freute sich Toni ein bisschen. Und bei manchen Lehrern war ja auch der Unterricht ganz okay.

Aber schon nach zwei Schultagen fühlte Toni sich morgens ungefähr so verklebt wie angebrannte Milch – er war schon wieder urlaubsreif. Denn Herr Erdmann machte genau da weiter, wo er vor den Ferien aufgehört hatte: mit Grammatik. Dabei gab es in diesen Tagen nichts, was Toni unwichtiger fand. Der erste Spieltag der Saison rückte unaufhaltsam näher, und das Training, das die *Superkicker* abhielten, war noch immer nicht gerade berauschend. Meistens rannten alle gleichzeitig und ziemlich planlos hinter dem Ball her. Und jedes zweite Training endete in einer wilden Keilerei.

Vinz und Ivo würden sich kaputtlachen, wenn sie eine von den Trainingsstunden miterleben könnten, da war sich Toni ziemlich sicher. Aber von der Spielstärke des *TUS Altenburg* waren die *Superkicker* sowieso noch meilenweit entfernt. Kevin war zwar ein ziemlicher Wadenbeißer, aber er konnte nur mit dem linken Fuß richtig gut schießen und schaffte es nur selten, das Tor zu treffen. Clemens hatte immer noch das Problem, dass er manchmal zu spät loslief, während Lexi zwar um alle herumdribbeln konnte, sich aber selbst so großartig fand, dass er den Ball nie abgeben wollte. Und dann verhakte er sich meistens eben doch irgendwann zwischen zwei Abwehrspielern oder stolperte über seine eigenen Beine. Wenigstens hatten sich Fabio und Mehmet vorläufig versöhnt. Und Fabio war als Stürmer gar nicht mal so schlecht – er hatte zumindest einen ziemlich strammen Schuss. Zum Glück war der erste Gegner der *Superkicker* nur Neufeld. Und diese Mannschaft war bekanntermaßen eine der schwächsten der Stadt.

»Ein Tuwort, bitte schön, Anton!«

Toni zuckte zusammen. Es war erst der dritte Schultag und schon hatte ihn das Erdmännchen erwischt.

Ein Tuwort, ein Tuwort – was war noch mal, ein Tuwort?

»Tanzen, kochen, laufen, raufen«, raunte Veronika ihm zu.

»Danke«, murmelte Toni zurück.

»Bitte sag es doch etwas lauter, Anton!«, rief Erdmann von vorne.

»Äh, ich glaube, ›tanzen‹ ist ein Tuwort«, sagte Toni.

»Gut.«

»Und laufen, rennen, dribbeln, flanken, schießen, gewinnen«, fügte Toni hinzu. Plötzlich waren ihm alle wieder eingefallen.

»Sehr gut!«, sagte Herr Erdmann zufrieden. »Aber es gibt auch Tuwörter ohne Fußball, oder, Clemens?«

Clemens nickte. »Klar, die gibt es: zuschauen, klatschen, jubeln, feiern.«

Toni musste grinsen. Und auch Vinz und Ivo drehten sich zu Clemens um und lachten.

Vinz meldete sich. »Ich weiß auch noch welche, Herr Erdmann: verlieren, weinen, heulen, trösten.«

»Okay, okay!«, rief Herr Erdmann. »Ich glaube, zumindest unsere Fußballer wissen jetzt wieder, was ein Verb ist. ›Verben‹ nennt man Tuwörter mit dem lateinischen Fremdwort.«

»Danke, Veronika! Du hast mich gerettet«, flüsterte Toni seiner Banknachbarin zu.

Veronika grinste. »Ist doch Ehrensache. Wann habt ihr denn euer erstes Spiel?«

Toni seufzte. »Samstag. Aber uns fehlt noch die Taktik.«

»Die muss doch euer Trainer festlegen«, sagte Veronika.

»Ein Trainer fehlt uns leider auch noch«, murmelte Toni.

»Das könnte aber ins Auge gehen«, flüsterte Veronika.

»Glaub ich nicht, gegen die Luschen von Neufeld gewinnen wir auch so, ohne Trainer und Taktik.«

Aber dann mussten sie wieder aufpassen, denn Erdmann wollte sie mit einer funkelnagelneuen Wortart bekannt machen.

Veronika behielt recht. Das erste Spiel der *Superkicker* ging ins Auge. Es ging ins Auge, wie ein Spiel nur ins Auge gehen kann. Dabei waren sich die *Superkicker* ihrer Sache eigentlich ziemlich sicher: Sie fühlten sich den Gurken von Neufeld haushoch überlegen. Außerdem hatten die *Superkicker* die schöneren Trikots. Rolands Vater, der Textilfabrikant, hatte sie ihnen sehr günstig verkauft: Grün und weiß waren sie, wie der Rasen und die Spielfeldmarkierungen.

Der Gegner war zwar tatsächlich schwach. Aber dummerweise waren die *Superkicker* schwächer. Lexi verbiss sich in Alleingängen, Kevin und Mehmet stritten um jeden Ball, Jamal und Fabio foulten sich sogar gegenseitig, um an den Ball zu kommen. Toni stand in seinem Tor,

während Clemens auf dem Platz versuchte, für Ordnung zu sorgen. Es war fürchterlich. Die Neufelder waren nicht gerade fix und verschossen auch mal den einen oder anderen Pass, aber sie konnten die *Superkicker* ganz einfach austricksen: Sie spielten kurze Pässe, liefen weit über die Seiten und flankten dann irgendwie vor Tonis Tor, wo der Stürmer nur noch an Roland vorbeimusste. Drei Angriffe konnte Toni abwehren. Beim vierten Schuss konnte er den Ball nicht richtig fangen, er prallte an seinen Händen ab und kullerte zurück in den Strafraum. Der Stürmer war sofort zur Stelle und schoss das Tor, ehe Toni nachgefasst hatte.

»Sehr schön, Jungs, macht euer Spiel!«, rief der Trainer der Neufelder vom Spielfeldrand.

»Nicht aufgeben! Ihr seid Klasse!«, schrie Lisa dagegen. Toni hatte sich gefreut, dass wenigstens seine Schwester zum ersten Spiel gekommen war, wenn seine Eltern schon keine Zeit hatten. Andererseits hätte er Lisa diese Blamage lieber erspart: Schon nach der ersten Halbzeit stand es 2:0 für Neufeld.

»Scheiße, Mann, wir sind doch viel besser als diese Luschen!«, rief Lexi in der Halbzeitpause. »Warum spielt ihr mich nie an?«

»Jetzt mach aber mal halblang, Lexi!« Clemens rang nach Luft. »Du willst doch selbst immer alles allein machen!«

»Wie wär's, wenn wir uns einfach alle hinten reinstellen und nur zwei gehen nach vorne?«, schlug Kevin vor. »Dann ist unser Strafraum dicht und wir können gut kontern.«

»Prima Plan«, sagte Mehmet. »Stehst du hinten?«

Kevin schüttelte entrüstet den Kopf. »Quatsch! Ich schieß das Tor!«

Aber da schrien alle durcheinander: Jeder wollte ganz nach vorn – abgesehen von Toni und Roland.

Die zweite Halbzeit war nicht besser als die erste. Die *Superkicker* schafften es einfach nicht, ein Tor zu schießen, und verloren ihr erstes Spiel mit einem saftigen 3:0 gegen die Gurkentruppe der Stadt. Und dass sie nicht noch viel mehr Tore kassiert hatten, das war einzig und allein Neufelds schlechtem Stürmer zu verdanken. Denn der guckte immer, bevor er schoss, noch einmal in die Ecke, in die er schießen wollte. Und als Toni das bemerkt hatte, konnte er jeden seiner Angriffe abwehren. Trotzdem war er mit diesem Spiel völlig unzufrieden.

»Das Spiel war Mist«, brummte Clemens, als er neben Toni zu den Fahrrädern trottete, wo Lisa schon auf sie wartete. »Wir müssen härter trainieren.«

»Wisst ihr was, Jungs?« Der Schiedsrichter kam aus dem Vereinsgebäude und schloss ein uraltes Hollandrad auf. »Ihr braucht einen Trainer. Ihr seid nämlich besser als die Neufelder. Aber bei euch ist kein Plan dahinter. Ihr macht nur Einzelaktionen. Damit könnt ihr vielleicht auf dem Bolzplatz gewinnen oder beim Torwandschießen, aber gegen keinen Fußballverein. Glaubt mir, was euch fehlt, ist ein Trainer.«

Toni seufzte und schloss sein Rad auf. »Sie haben gut reden. Wir haben schon unsere Vereinskasse geplündert, um die Trikots zu bezahlen. Mehr Geld ist nicht drin. Und einen Trainer kann man ja auch nicht aus dem Hut zaubern.«

Der Schiedsrichter klemmte seine Sporttasche auf den Gepäckträger und kratzte sich am Hinterkopf. »Doch, kann man. Ihr müsst bei der Sporthochschule fragen.« Er nickte vor sich hin. »Als ich da noch studiert habe, gab es einige, die bereit gewesen wären, eine gute Fußballmannschaft zu trainieren. Manche davon hätten das bestimmt auch ohne Geld gemacht. Am besten hängt ihr da mal einen Zettel auf. Vielleicht meldet sich ja jemand.«

»Das ist doch eine prima Idee!«, schaltete sich Lisa ein.

Auch Clemens nickte. »Danke für den Tipp, das machen wir!«

Sie schoben ihre Fahrräder auf die Straße.

»Bin gespannt, was aus eurem Verein wird«, sagte der Schiedsrichter noch und schwang sich auf den Sattel. »Ich glaube, dass ihr noch für ein paar Überraschungen gut seid.«

»Das hoffe ich«, murmelte Toni. Insgeheim aber war er überzeugt, dass so ein Zettel in der Sporthochschule garantiert nichts bringen würde.

# 8. Kapitel

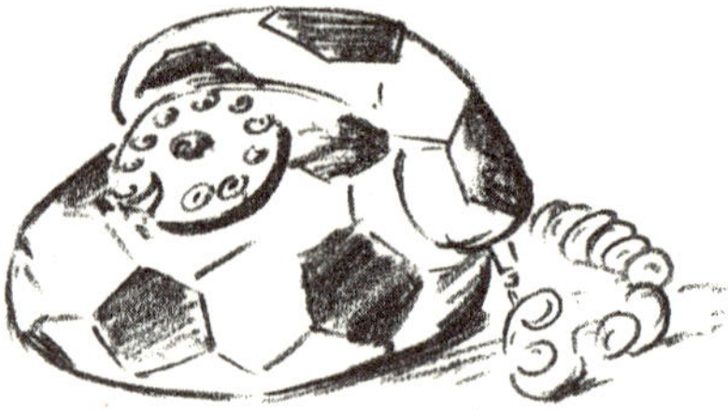

Ich hab doch gleich gesagt, dass sich kein Schwein meldet.« Toni hockte sich neben Lisa auf die Holzbank.

»Jetzt wart doch mal ab. Der Zettel hängt erst seit zwei Tagen.« Lisa klappte ihr Buch zu.

Aber Toni war sich seiner Sache nicht so sicher. Vielleicht war der Zettel, den er mit Lisas Hilfe am Computer geschrieben hatte, doch nicht so gut gewesen.

*Fußballtrainer gesucht.*
*Leider keine Bezahlung, dafür aber klasse Mannschaft.*
*Die Superkicker*

Das hatten sie auf den Zettel geschrieben und dann noch Tonis Telefonnummer.

»Vielleicht hätten wir lieber nicht schreiben sollen, dass wir kein Geld haben. Da denken doch alle, dass die Mannschaft nichts taugt.« Die Sonne malte rote Flecken durch den Sonnenschirm auf den Balkontisch.

»Du bist immer so ungeduldig, Toni«, sagte Lisa, als das Telefon, das neben ihr auf der Bank lag, klingelte. Sie nahm das Gespräch an. »Ja klar – einen Moment, da muss ich Sie verbinden.«

Sie drückte die Hand auf die Sprechmuschel und reichte Toni das schnurlose Telefon. »Das ist jemand von der Sporthochschule wegen deines Zettels.«

Und während sich Lisa mit einem freundlichen Ich-sag's-doch-Blick zurücklehnte, meldete sich Toni am Telefon.

»Hallo, ich heiße Ulla Fischer und habe deinen Zettel gesehen«, sagte eine Frauenstimme am anderen Ende.

»Ja und?«, fragte Toni.

»Und?« Ulla Fischer lachte. »Sucht ihr noch einen Trainer?«

»Ja, ja, schon«, sagte Toni.

»Und würdet ihr auch eine Trainer***in*** nehmen?«

»Äh – weiß nicht – doch, klar – logisch«, stammelte Toni. Er hatte zwar noch nie gehört, dass eine Frau einen Fußballverein trainiert – aber warum eigentlich nicht?

»Na, dann habe ich euch ein kleines Geschäft vorzuschlagen«, sagte die Frau.

Toni sperrte die Ohren auf. Ulla Fischer war tatsächlich bereit, die *Superkicker* zu trainieren. Allerdings unter einer Bedingung … Und diese Bedingung war für Toni unannehmbar.

»Tanzen?« Clemens verschluckte sich und musste kräftig husten, als Toni ihm im *Tempel* von Ulla Fischers Vorschlag erzählte.

Aber dann hörten sie über sich Schritte näher kommen.

»Na, ihr Pfeifen?« Vinz betrat freudestrahlend den *Tempel.* »Habt ihr es schon gesehen? In fünf Wochen spielen wir gegeneinander.« Er ließ sich auf den Stuhl fallen. »Mann, ist das heiß hier. – Und, wie läuft es mit eurem Verein? Habt ihr endlich einen Trainer? Oder hoppelt ihr immer noch einfach so übers Feld wie ein Haufen wilder Hasen? – Ich habe gehört, dass euer Spiel gegen Neufeld nicht gerade der Brüller war.«

Toni schoss das Blut in den Kopf. Er wurde stinksauer. Vinz war zwar sein Freund, aber er konnte wirklich ein überheblicher Blödmann sein. »Wir haben das mit den Trikots und mit der Vereinsgründung hingekriegt«, gab er scharf zurück. »Das musst du uns erst mal nachmachen, bevor du hier so eine dicke Lippe riskierst!«

Vinz hob entschuldigend die Hände. »Oh, sorry, ich konnte ja nicht ahnen, dass der Herr Anton seinen Schlechte-Laune-Tag hat!«

Toni bekam ein schlechtes Gewissen. Hatte er Vinz zu hart angemotzt?

»Tut mir leid, Vinz, war nicht so gemeint.«

Vinz nickte ihm freundlich zu und sagte: »Schwamm drüber, Toni. Ich würde mich auch total ärgern, wenn ich gegen die Luschen von Neufeld drei Tore kassiert hätte.«

Die Wutwelle, die Toni gerade erst niedergekämpft hatte, schwappte wieder hoch. Das klang ja gerade so, als wäre Vinz der Meinung, dass Toni schuld daran wäre, dass die *Superkicker* gegen Neufeld verloren hatten. Dabei hatte Vinz das Spiel doch noch nicht mal gesehen!

Aber Toni biss sich auf die Lippe. Sonst hätte er ja doch nur einen Riesenkrach mit Vinz angefangen.

»Was ist, kommt ihr mit zum Baggersee?«, fragte Vinz. »Ivo ist schon da. Mein Daddy hat mir in den Ferien ein Schlauchboot gekauft, das haben wir schon hingeschafft.«

Toni hatte irgendwie keine Lust. Er hatte keine Lust auf das Schlauchboot von Vinz' supertollem Papi. Und er hatte auch keine Lust darauf, sich den ganzen Rest des Nachmittags anhören zu müssen, wie toll der *TUS Altenburg* jetzt war. Jetzt wo Roland nicht mehr bei ihnen spielte. Denn das pflegte Vinz neuerdings jeden Tag mindestens drei Mal zu betonen. Allerdings wäre ein Sprung in den Baggersee genau das Richtige gewesen bei diesen Temperaturen. Aber Clemens nahm ihm die Entscheidung ab.

»Tut uns leid, Vinz, wir können nicht.« Er zuckte mit den Schultern. »Wir müssen mit unseren Leuten noch eine dringende Angelegenheit besprechen.«

Vinz zog verächtlich die Augenbrauen hoch. »Ach ja? Was ist denn so dringend, dass ihr dafür zwei Freunde sitzen lassen müsst?«

Clemens schüttelte den Kopf und lachte. »He, Vinz, ihr spielt in fünf Wochen gegen uns. Das hast du doch gerade selbst gesagt. Ist doch logisch, dass wir dir nicht alles verraten können, was wir bis dahin noch zu tun haben, oder?«

Vinz machte ein ziemlich beleidigtes Gesicht, das sich auch nicht aufheiterte, als Clemens hinzufügte: »Wir kommen vielleicht später nach.«

# 9. Kapitel

Ihr tickt doch nicht mehr richtig!« Fabio zeigte Toni einen Vogel.

Auch Kevin und Jamal waren nicht gerade begeistert, als sie Tonis Vorschlag gehört hatten. Die Jungs hockten im Hinterhof, in dem Kevin, Jamal und Ali normalerweise spielten, auf einer Feuertreppe, ein paar Mülltonnen und dem Boden. Und die Stimmung war genauso schlecht, wie Toni es sich vorgestellt hatte.

Ulla Fischer war zwar bereit, die *Superkicker* kostenlos zu trainieren, und sie war auch eine ausgebildete Fußballlehrerin. Aber sie suchte noch nach ein paar Jungs, die bei ihrer Abschlussprüfung an der Sporthochschule mitmachen würden. Und ihre Abschlussprüfung machte sie eben nicht im Fach Fußball, sondern ausgerechnet im Tanzen. Und als wäre Tanzen an sich nicht schon schlimm genug, sollten die Jungs auch noch zusammen mit Mädchen tanzen!

»Ich mach mich doch nicht zum Affen!«, rief Kevin. »Ich habe zwei Schwestern, die reichen mir! Von Mädchen hab ich die Nase voll. Ich will nicht auch noch in meiner Freizeit was mit diesen doofen Hühnern zu tun haben!«

»Außerdem ist das doch total peinlich!«, sagte Jamal. »Stellt euch mal vor, was auf dem Platz los ist, wenn jemand mitkriegt, dass wir tanzen gehen!«

Toni nickte vor sich hin. »Ich hab's ihr gleich gesagt, dass wir das nicht machen. – Schade. Am Telefon klang sie nämlich ganz nett.« Er sprang von der Mülltonne, auf die er sich gesetzt hatte, nickte Clemens zu und sagte: »Tja, das war's. Dann machen wir eben ohne Trainer weiter.«

»Langsam, langsam.« Lexi hielt Toni zurück. »Nicht so schnell, Herr Torwart.« Er baute sich breitbeinig vor seinen Mitspielern auf. »Ich finde das Angebot von der Frau gar nicht schlecht. Sie ist eine richtige Trainerin. Und das bisschen Gehopse, das machen wir doch mit links! Ihre Prüfung ist schon in fünf Wochen und sie trainiert uns dafür die ganze Saison.« Lexis Augen leuchteten. »Das nenne ich ein gutes Geschäft! Wir quälen uns fünf Wochen und danach muss sie ein dreiviertel Jahr für uns schuften.«

Und auch Roland meinte: »Lexi hat recht. Das Tanzen ist nicht so schlimm.«

Fabio verdrehte die Augen. »O Mann, Roland! Stell dir mal vor, was bei den Spielen los ist! Wenn du da einen Ball vergeigst, dann wird uns das Publikum mit Ballettschühchen steinigen!«

Auch Toni schüttelte den Kopf. Roland schien mal wieder nicht kapiert zu haben, was auf dem Spiel stand: der Ruf der *Superkicker*.

Aber Roland knurrte: »Warum sollte das überhaupt irgendjemand mitkriegen?« Er zuckte mit den Schultern und sagte: »Also ich melde es nicht der Zeitung, wenn ich zum Tanzen gehe.«

Lexi schlug ihm kameradschaftlich auf die Schulter. »Roland, das ist die Lösung! Wir machen mit Ulla aus, dass sie und die Mädchen niemandem verraten dürfen, dass wir bei ihr tanzen. Absolut niemandem! Noch nicht mal den Eltern oder Geschwistern.« Er grinste. »Dann kriegt kein Schwein mit, was wir machen. Und in fünf Wochen ist es doch sowieso gelaufen!«

Toni überlegte. Das, was Roland und Lexi sich da ausgedacht hatten, klang schon irgendwie verlockend. Er sah hinüber zu Clemens, der am verrosteten Geländer der Feuerleiter lehnte und sich nachdenklich eine Locke aus der Stirn strich. Auch Mehmet und Ali schienen nicht mehr so recht zu wissen, ob sie das Angebot von Ulla Fischer wirklich ausschlagen sollten.

Nur Fabio war sich seiner Sache sicher. »Vergiss es, Lexi. Ohne mich!« Er sprang von der Feuerleiter in den Hof.

»Wir können ja abstimmen«, schlug Roland vor. »Wer ist dafür, dass wir uns von Ulla trainieren lassen, wenn sie und die Mädchen versprechen, dass sie niemandem etwas sagen?«

Lexi und Roland meldeten sich. Toni zögerte noch kurz, aber dann ging auch seine Hand hoch. Die ganze Sache war einen Versuch wert. Und eine bessere Chance, ein vernünftiges Training zu kriegen, würde ihnen kaum geboten werden. Auch Clemens stimmte dafür, und nach und nach meldeten sich auch die anderen: Mehmet und Jamal, sogar Ali und auch Kevin, von dem Toni das niemals gedacht hätte. Nur Fabio stimmte dagegen.

»Nee, Leute, echt nicht«, sagte er. »Da mach ich nicht mit. Ich trete aus dem Verein aus, wenn ihr das macht.«

Lexi zuckte mit den Schultern. »Dann trete halt aus. Wir haben genug andere Stürmer.«

»Denkt ihr das alle?«, fragte Fabio wütend in die Runde.

»Red doch keinen Quatsch, Fabio«, versuchte Toni, ihn zu besänftigen. »Überleg dir das in Ruhe. Ich kann ja auch Ulla Fischer mal fragen, vielleicht müssen wir gar nicht alle tanzen.«

Aber da machte ihm Kevin einen Strich durch die Rechnung. »Nichts da! Entweder alle oder keiner. Ich mache mich doch nicht für Fabio zum Affen!«

Und auch Mehmet sah das ähnlich. »Wenn es eine Extrawurst für Fabio gibt, dann tanze ich auch nicht.«

»Okay, okay!«, rief Clemens. »Ich schlage vor, dass Fabio uns morgen Bescheid sagt, ob er mitmacht. Ich fänd's schade, wenn du wegen der paar Wochen Tanzunterricht aus dem Verein austreten würdest.« Clemens machte eine Pause, sah Fabio in die Augen und fügte hinzu: »Aber das ist natürlich deine Entscheidung.«

»Scheiße, ihr spinnt doch alle!«, rief Fabio, machte kehrt und wollte vom Hof rennen, als Lexi ihn noch am Kragen packte. »Moment noch, Fabio! Egal wie du dich entscheidest: Wenn du uns verrätst, dann gibt's Ärger, kapiert?«

Fabio wand sich geschickt aus Lexis Griff und zischte: »Glaub bloß nicht, dass ich vor dir Angst habe, Tsatsiki!« Und schneller, als Lexi ihn zu fassen bekam, rannte er davon.

»Na warte, Spaghetti«, knurrte Lexi. »Das kriegst du zurück.«

# 10. Kapitel

Die Entscheidung für Ulla war richtig gewesen. Das dachte zumindest Toni, als sie das erste Training mit der Sportstudentin hatten.

»Okay, zum Aufwärmen laufen wir ein paar Runden um den Platz. Locker und gleichmäßig.« Ulla trabte los.

Toni traute seinen Augen kaum. Trainer Schäfer hätte niemals eine einzige seiner Übungen selbst mitgemacht!

Lexi maulte mal wieder, dass er warm genug sei. Aber damit kam er bei Ulla nicht durch. »Dir ist vielleicht schon warm, Lexi«, sagte sie. »Aber deine Muskeln sind noch eiskalt. Und die müssen wir vorsichtig aufwärmen. Außerdem schadet euch ein Dauerlauf nicht, der ist gut für die Kondition. Und Kondition ist das, was ein Fußballer braucht. Auf geht's, müder Krieger!«

Toni musste grinsen. »Müder Krieger«, dieser Ausdruck passte wirklich zu Lexi, wenn er mal wieder zu faul zum Laufen war. Und als Toni sah, dass Lexi tatsächlich wie der Rest der Mannschaft hinter Ulla herlief, hätte er sich fast überschlagen vor Freude: Sie hatten eine Trainerin! Eine echte Trainerin, die sogar von Lexi akzeptiert wurde.

»Hi, Toni!« Micha, der Platzwart, kam auf seinem Rasenmäher angeknattert und fuhr neben Toni her, der mit den anderen um den Platz lief. Er deutete mit dem Kinn auf die dunkelhaarige, drahtige Frau, die vor den Jungs herjoggte, und fragte: »Wer ist denn das?«

»Das ist Ulla, unsere Trainerin!« Toni war schon ein bisschen außer Atem.

Micha fielen fast die Augen aus dem Kopf. »Wo habt ihr die denn aufgegabelt?«

»Sporthochschule«, sagte Toni.

Aber weiter kam er nicht, denn nun erhöhte Ulla das Tempo und rief: »Wer zuerst am Tor ist, ist Sieger!«

Ulla war einfach super, fand Toni. Sie übten Schusstechnik mit dem Außenspann, Innenspann und Vollspann. Und Toni bekam etwas, was Schäfer nie für ihn übrig gehabt hatte: ein Torwarttraining. Ulla sah auf einen Blick, warum Toni manche hohen Bälle nicht fangen konnte, und zeigte ihm, wie er die Hände und seinen Körper hinter den Ball bringen musste. Auch das Rauslaufen aus dem Tor, wenn ein Stürmer auf ihn zukam, erklärte sie ganz anders als Schäfer.

Sie übten die Ballannahme, das Passen, Zielschießen,

spielten sich gegenseitig in den Lauf und trainierten sogar Kopfbälle. Aber vor allem baute Ulla die ganze Mannschaft um. »Clemens, du hast das Zeug zum Stürmer. Das mit dem Mittelfeld ist Quatsch bei dir.«

»Aber ich spiel immer Mittelfeld«, erwiderte Clemens.

Ulla zuckte mit den Schultern. »Wir machen zum Abschluss für heute noch ein Trainingsspielchen. Da gehst du in den Sturm. – Lexi, du bist Verteidiger.«

»Was?« Lexi brauste auf. »Ich bin doch keine Flasche!«

Ulla schüttelte den Kopf. »Ihr habt echt keine Ahnung von Fußball! – Ich will, dass ihr alle mal auf jeder Position spielt. Dann können wir einfach ausprobieren, wer was am besten kann. Und vielleicht bist du ein toller Abwehrspieler, Lexi!«

Das fand Toni einleuchtend. Aber als Ulla ihm sagte, dass er seine Torwarthandschuhe mal an Roland abgeben solle, war er nicht mehr ganz so begeistert von der Trainerin.

»Du spielst neben Clemens den zweiten Stürmer«, sagte Ulla. »Keine Angst, ist nur fürs Training. – Apropos Training: Hört noch mal alle her, ehe ich's vergesse: Das erste Tanztraining ist morgen Nachmittag um fünf Uhr in der Sporthochschule.«

# 11. Kapitel

Tags darauf klingelte bei Toni das Telefon.

»Tut mir echt leid, ich kann nicht zum Tanzen kommen«, sagte Kevin mit dünner Stimme und bekam einen solchen Hustenanfall, dass Toni den Telefonhörer von seinem Ohr weghalten musste. »Ist eine Bronchitis, sagt der Arzt.«

Toni seufzte. Dieser Tag war nicht gerade der Bringer: Erst trat Fabio tatsächlich aus dem Verein aus, dann meldete sich auch noch Kevin krank fürs erste Tanztraining. »Tja, kann man nichts machen, gute Besserung dann«, sagte Toni, obwohl ihm das irgendwie sehr merkwürdig vorkam, dass Kevin sich über Nacht eine Bronchitis zugezogen hatte. Und das mitten im Sommer! »Dann fällst du ja vermutlich auch für das Spiel am Samstag aus«, meinte er. »Das ist natürlich besonders schlecht.«

»Nee, nee, ich bin am Samstag bestimmt wieder topfit«, versicherte Kevin nun plötzlich mit ganz normaler Stimme.

Toni schüttelte den Kopf. Kevin war nicht krank. Nie im Leben hatte der eine Bronchitis. Alles, was der hatte, war Angst vor dem Tanzen!

»Kevin, du hast auch für den Deal mit Ulla gestimmt, oder?« Toni setzte sich auf sein Bett. Das war doch echt eine Frechheit von Kevin! Nicht nur, dass er versuchte, ihn anzulügen – er stand auch nicht zu seinem Wort! »Wenn du heute nicht zum Tanzen kommst, dann schmeißen wir dich aus dem Verein!«

Kevin hustete noch einmal zaghaft. »Ich kann aber für nichts garantieren! Ich glaube, ich habe sogar Fieber.«

Toni lachte. »Alles klar, Kevin. Soll ich dir meine Mutter vorbeischicken? Die ist Krankenschwester und kann entscheiden, ob du tanzen kannst oder nicht.«

Und noch während Toni mit Kevin darüber diskutierte, ob er nun krank oder gesund war, schoss ihm ein fürchterlicher Gedanke durch den Kopf. – Kevin hatte immerhin versucht, sich zu entschuldigen, ehe er sich drückte! Was, wenn die anderen erst gar nicht bei Toni anriefen? Was, wenn er am Ende allein mit den 14 Mädchen vor der Sporthochschule stünde?

»Ich hole dich gleich ab«, entschied Toni, beendete das Gespräch und rief bei Clemens an.

»Gut, dass du anrufst. Lexi kann nicht zum Tanzen kommen, er muss seinem Vater im Laden helfen, und Jamal hat sich den Fuß verknackst«, sagte Clemens.

»Diese Feiglinge!«, rief Toni in den Telefonhörer. »Wir holen die ab, Clemens! Sonst stehen wir nämlich allein da!«

Toni hatte den richtigen Riecher gehabt: Weder Roland noch Ali und erst recht nicht Kai-Uwe hatten Anstalten gemacht, zur Sporthochschule zu fahren. Sie saßen zu Hause vor ihren Fernsehern, Mehmet kickte im Hof und beteuerte, er habe den Termin ganz und gar vergessen.

»Na, dann ist es ja gut, dass wir dich daran erinnern«, sagte Toni. »Und jetzt hol dein Zeug! Wir haben schließlich eine Abmachung mit Ulla getroffen!«

Auch Lexi stand nicht im Laden seines Vaters: Er lag auf dem Balkon und las Comics! Ausgerechnet er, der doch selbst vorgeschlagen hatte, dass sie sich auf das Tanzgeschäft einlassen sollten, wollte sich jetzt drücken. Kevin öffnete ihnen putzmunter die Tür. Er täuschte noch einen Hustenanfall vor, aber als er sah, dass sie vollzählig waren und Lexi knurrte: »Wir haben alle keine Lust«, behauptete er, dass es doch schon besser ginge, und folgte ihnen.

»Sogar pünktlich und vollzählig, Hut ab, Jungs! Das hätte ich euch nicht zugetraut«, sagte Ulla, als sie an der Sporthochschule ankamen.

»Ist doch Ehrensache, wir stehen zu unserem Wort!«, rief Lexi großspurig.

Toni und Clemens sahen sich an und verdrehten nur die Augen. Lexi war unverbesserlich!

Ulla marschierte voraus durch die langen, niedrigen Flure, zeigte ihnen die Umkleide und sagte: »Die Mädchen sind schon da, wir sind in Halle 3, das ist die mit der grünen Tür.«

Warum gibt es eigentlich keinen brauchbaren Trick, wie man nicht rot wird? Wenn man einen Arm nicht heben will, dann kann man ihn unten lassen. Wenn man auf einem Bein stehen will, kann man das andere hochheben. Warum kann man nicht ebenso steuern, wann man rot wird und wann nicht? Zumindest wünschte sich Toni, dass es anders wäre, als die *Superkicker* in die Halle 3 der Sporthochschule einliefen. Sie hatten Trainingsanzüge und Turnschuhe an und sahen sich plötzlich einer Schar kichernder Mädchen gegenüber, die in Turnanzügen und Gymnastikschuhen steckten.

Ulla schleifte eine große Box in die Halle, setzte sich davor auf den Boden und rief: »Okay, kommt doch mal her, setzt euch in einen Kreis.«

Das taten sie. Die linke Hälfte des Kreises war von Mädchen, die rechte Hälfte des Kreises von den Jungen besetzt. Und Toni hatte ausgerechnet das Pech, dass er als Einziger rechts neben sich einen Jungen, Clemens, links aber ein Mädchen sitzen hatte. Er wurde knallrot.

»Okay, ich schlage vor, wir machen mal eine Namensrunde«, sagte Ulla. Sie holte einen Ball hinter der Box hervor. »Das geht so: Wir werfen uns den Ball zu. Wer den Ball fängt, sagt seinen Namen und wirft ihn weiter. Und damit das auch Sinn macht, wirft bitte immer ein Junge zu einem Mädchen und ein Mädchen zu einem Jungen. Okay?« Sie sah in die Runde. Sagte: »Ich bin Ulla! Und wer bist du?«, und warf den Ball Toni zu.

Der fing, wurde aber noch etwas röter im Gesicht und murmelte: »Ich bin Toni. Und wer bist du?« Und warf den Ball einem Mädchen zu, das ein blaues Band im Haar hatte.

»Ich heiße Charlotte. Und wie heißt du?«, fragte sie, zielte auf Lexi, traf aber Kevin, der seinen Namen so nuschelte, dass selbst Toni ihn nicht verstand.

Nach der Namensrunde erklärte Ulla, worum es ihr beim Tanzen ging.

»Ihr müsst keine Balletttänzer werden. Ich muss in meiner Prüfung zeigen, dass ich mit einer Gruppe arbeiten kann. Deshalb bringe ich euch ein paar Sachen bei, damit ihr schon was könnt, und dann machen wir in der Prüfung eine ganz normale Trainingsstunde, nur dass eben die Prüfer dabei sind. Das ist alles.« Sie zählte die Mädchen und Jungen durch und sagte: »Jetzt fehlt uns dämlicherweise ein Junge. Ich dachte, ihr seid vierzehn? Hat da etwa doch einer gekniffen?«

Die Mädchen kicherten.

»Nein, wir sind nur noch dreizehn«, sagte Toni tapfer. »Einer ist aus dem Verein ausgetreten.«

Ulla zog die Stirn kraus. »Hoffentlich nicht wegen der Tanzerei. Die macht nämlich mehr Spaß, als ihr befürchtet.« Sie stand auf. »Wir beginnen mit einem einfachen Grundschritt vom langsamen Walzer. Ach so, da müsst ihr

Paare bilden. Also: Jeder Junge tanzt erst mal mit dem Mädchen zusammen, dem er den Ball zugeworfen hat. Und Clara, du tanzt eben mit mir – das nächste Mal ist ja vielleicht unser vierzehnter Mann schon wieder dabei.«

Oder die dreizehn anderen sind auch weg, dachte Toni und schwitzte.

Es war fürchterlich. Musste er tatsächlich mit Charlotte Blauband tanzen?

Charlotte schien auch nicht gerade begeistert. »Wenn du mir auf die Füße trittst, beiß ich dir in die Nase!«, flüsterte sie ihm zu, als sie sich aufstellten.

Na, das kann ja heiter werden, dachte Toni. Aber dann dachte er nichts mehr. Denn Ulla machte ihnen den Grundschritt vor. Und den bekam Toni beim besten Willen nicht in den Kopf – und erst recht nicht in die Beine.

# 12. Kapitel

Bergauf.

In den folgenden Wochen ging es bergauf. Und das sowohl beim Tanzen als auch beim Fußball. Die *Superkicker* gewannen an den nächsten beiden Spieltagen. Es waren zwar keine besonders schweren Gegner, aber immerhin hatte Toni nicht mehr das Gefühl, dass das Spiel seiner Mannschaft in Einzelaktionen zerfaserte. Clemens bewährte sich als laufstarker und zielsicherer Stürmer, der die Bälle von Mehmet immer genauer vor die Füße geliefert bekam. Die größte Errungenschaft für Toni war aber Lexi als Abwehrspieler. Dieser stand nicht nur wie eine Mauer vor den gegnerischen Stürmern, er hatte auch nach wie vor einen ziemlichen Drang ins Mittelfeld: Seine schnellen Konterangriffe waren bald bei den Gegnern gefürchtet. Und Toni selbst kassierte auch nicht mehr ganz so viele Treffer. Er konnte mehr Bälle fangen und hatte irgendwie das Gefühl, als wäre er mit dem Tor verwachsen. Er spürte förmlich, wo die Pfosten waren, ohne dass er ständig nachsehen musste. Ullas Torwarttraining war jedenfalls erstklassig. Außerdem schrie die junge Trainerin nie am Spielfeldrand herum. Sie gab der Mannschaft während des Spiels ruhig ihre Zeichen und besprach mit ihnen nach den Spielen, was geklappt und was nicht geklappt hatte. Und Roland durfte auch immer wenigstens ein paar Minuten mitkicken – sobald die *Superkicker* in Führung lagen, wechselte Ulla ihn für irgendwen ein.

Nach drei Wochen Training mit Ulla schafften die *Superkicker* sogar eine kleine Sensation: Sie erspielten sich gegen die *Kids vom SC* ein 0:0. Die *Kids vom SC* waren nur durch einen Fehler bei der Anmeldung in die unterste Staffel gerutscht und standen schon vor dem ersten Spieltag als Tabellenführer der Saison fest – es sei denn, sie hätten sich alle Beine gebrochen oder wären barfuß angetreten.

Toni freute sich zwei Tage lang über dieses torlose Unentschieden. Er hatte sogar die Gewaltschüsse von Ulf, dem Riesenstürmer, gehalten! Allerdings war Ulf nur selten an Lexi vorbeigekommen und musste deshalb aus der zweiten Reihe schießen. Als dann auch noch Fabio wieder in den Verein eintreten wollte, konnte sich Toni den Jubel nicht verkneifen. Das Unentschieden gegen die *Kids vom SC* hatte Fabio anscheinend davon überzeugt, dass das bisschen Tanzen einem Fußballer nicht schaden konnte.

Tatsächlich fand Toni die Tanzerei zwar meistens ziemlich nervig, aber manchmal machte es fast ein bisschen Spaß. Und einige Mädchen waren wirklich nett. Charlotte zum Beispiel oder auch Clarissa und ihre Freundin Rosaria. Von den Fußballern stellte sich ausgerechnet Roland besonders geschickt an und wurde bald der begehrteste Tanzpartner bei den Mädchen. Das hätte Toni niemals gedacht. Roland schien selbst überrascht zu sein.

Alles in allem fand Toni das Leben ausgesprochen gut, auch wenn Ullas Prüfung und das Spiel gegen den *TUS Altenburg* schneller auf ihn zukamen, als es ihm lieb war. Das Einzige, was nicht besonders gut lief, war seine Freundschaft mit Vinz. Der brachte von Woche zu Woche immer fiesere Sprüche, je näher das Spiel gegen den *TUS* rückte.

In der großen Pause am Freitag vor dem Spiel schoss Vinz dann den Vogel ab: Er wollte wissen, ob es stimme, dass Tonis Schwester Tsatsiki heiraten wolle. Toni erklärte ihm, dass der Junge erstens nicht Tsatsiki, sondern Lexi heiße, dass Lisa zweitens machen könne, was sie wolle, drittens noch zu jung zum Heiraten sei und dass das viertens garantiert nicht Vinz' Sache sei.

»Also stimmt es!«, folgerte Vinz daraus.

Toni knirschte wütend mit den Zähnen. »Was ist los mit dir, Vinz? Warum willst du dich unbedingt mit mir streiten?«

»Ich?« Vinz sah sich Hilfe suchend zu Ivo um.

Aber Ivo schüttelte nur den Kopf und sagte: »Ich dachte, ihr seid Freunde!«

»Das dachte ich auch!«, sagte Vinz. »Aber der Herr Anton ist ja immer gleich beleidigt. Dabei wollte ich doch nur wissen, ob seine Schwester sich wirklich von diesem Tsatsiki abknutschen lässt.«

Da platzte Toni der Kragen. »Jetzt halt aber mal die Luft an, Vinz! Mit wem meine Schwester knutscht, ist ihre

Sache! Und Lexi heißt Lexi, kapier das endlich! Außerdem knutschen die beiden nicht.«

Zum Glück beendete die Pausenglocke ihren Streit und die vier Freunde machten sich auf den Weg zurück in ihre Klassenzimmer.

»Warum regst du dich gleich so auf, Toni?!«, frotzelte Vinz weiter. »Könnte es sein, dass du Angst vor morgen hast?«

Toni warf Vinz einen giftigen Blick zu. Natürlich war er aufgeregt vor dem Spiel gegen seinen alten Verein. Schließlich wollte er Schäfer zeigen, dass er bei einem brauchbaren Training besser geworden war, als der alte Schreihals es sich je hätte träumen lassen. Aber Angst hatte er ganz und gar nicht.

»Mensch, Vinz, hör doch mal auf mit der Nerverei«, schaltete sich Clemens ein. »Wir spielen gegen euch. Aber deshalb hören wir doch nicht auf, Freunde zu sein.«

Vinz zuckte mit den Schultern. »Da bin ich mir beim Herrn Anton aber nicht so sicher.« Er grinste hinterhältig. »Schließlich ist er ein miserabler Verlierer.«

Clemens und Ivo verdrehten die Augen und gingen voraus in die Klasse.

Toni wollte sich nicht auf einen Streit mit Vinz einlassen. Aber irgendwie konnte er den ganzen Mist, den sein sogenannter Freund von sich gab, auch nicht auf sich sitzen lassen.

»Es ist doch noch gar nicht ausgemacht, wer gewinnen wird!«, erinnerte er Vinz.

Aber der lachte nur. »Was denn, was denn? Träumst du, Toni? Ihr habt nicht den Hauch einer Chance! Ihr habt doch sogar gegen Neufeld verloren.«

Toni räusperte sich. »Das war unser erstes Spiel! Gegen die *Kids vom SC* haben wir unentschieden gespielt. Und der *TUS* hat vor den Ferien haushoch gegen die verloren!«

Vinz stieg die Treppe hinauf. »Stimmt genau. Damals hatten wir ja auch dich als Torwart!«

Toni spürte, wie ihm die Tränen in die Augen schossen. Das war total gemein von Vinz. Sie hatten alle gegen die *Kids vom SC* verloren – es war nicht nur Tonis Schuld gewesen. Und das wusste Vinz auch. »Damals hatte ich auch noch den schlechtesten Trainer der Welt!«, rief Toni lauter, als er wollte.

Vinz schüttelte den Kopf. »Und jetzt? Jetzt habt ihr eine Frau!« Er machte eine wegwerfende Handbewegung. »Das kann doch nichts geben!«

Toni zog die Augen zu Schlitzen zusammen und fragte: »Und warum nicht, bitte schön?«

»Weil Frauen von Fußball keine Ahnung haben! Fußball ist Männersache.« Vinz ging den Flur entlang und wollte die Klasse betreten.

Aber Toni versperrte ihm den Weg und rief: »Du redest

neuerdings nur noch Mist, Vinz! Frauensache – Männersache. Das kann man so einfach nicht sagen! Ich hätte auch nicht gedacht, dass Ulla eine gute Trainerin ist, aber sie ist gut! Und ich hätte auch nicht gedacht, dass Tanzen Spaß machen kann – macht es aber. Und wir werden euch am Samstag zeigen, dass unsere Trainerin besser ist als euer männlicher Schreihals. Wart's ab!«

»Wieso tanzen?«, murmelte Vinz misstrauisch.

Toni biss sich auf die Lippe. In seiner Wut hatte er sich und seine Mannschaft verraten. Aber da kam zum Glück Frau Gratwohl-Berger um die Ecke gesaust, bugsierte beide in die Klasse und stellte ihnen direkt eine saftige Textaufgabe.

# 13. Kapitel

Hast du dich mit Vinz wieder versöhnt?«, fragte Clemens am Nachmittag.

»Ich weiß nicht, nein, eigentlich nicht.« Toni sauste neben seinem Freund den Radweg entlang. Die Sonne schien nach einem kräftigen Schauer am Morgen wieder und ließ die feuchte Erde in den Blumenkübeln dampfen. Bei Toni kribbelte alles, von der Fußsohle über den Bauch hinauf bis in die Ohrläppchen. Sie fuhren zu Ullas Prüfung.

»Vinz ist aufgeregt wegen morgen.« Clemens' Locken flatterten im Fahrtwind. »Aber der kriegt sich nach dem Spiel bestimmt wieder ein.«

»Hoffentlich.« Toni hatte schon, seit sie losgefahren waren, irgendwie das Gefühl, als würden sie beobachtet. Oder kam das nur durch das Lampenfieber wegen Ullas Prüfung? An der Kreuzung zur Ringstraße hielten sie an einer roten Ampel. Toni drehte sich um. Ein paar Autos standen hinter ihnen an der Ampel, eine ältere Frau ließ ihren Hund vor einem Schaufenster sein großes Geschäft erledigen – ansonsten war der Bürgersteig leer.

»Alles klar mit dir, Toni?« Clemens warf ihm einen sorgenvollen Blick zu.

»Ja, ja, alles klar.« Die Ampel sprang auf Grün, sie überquerten die Ringstraße und fuhren die schnurgerade Aachener Straße entlang. Als sie die Straßenbahngleise vor der Sporthochschule überquert hatten, hörte Toni hinter sich das Geklapper eines Fahrrades, das über Schienen fährt.

Also doch, dachte er und drehte sich blitzschnell um.

Aber es war nur Lexi, der auf seinem Schrottrad hinter ihnen herfuhr.

»Gleich haben wir's geschafft mit dem dämlichen Gehopse!«, rief Lexi freudestrahlend, als er Clemens und Toni erreicht hatte. »Ihr glaubt gar nicht, wie froh ich bin, wenn wir diesen Mist los sind!«

Sie bogen auf die Zufahrt zu dem grauen Betonklotz ein, hinter dem sich die Sporthochschule verbarg, als Roland aus dem Wäldchen links zu ihnen stieß.

»Seid ihr auch schon so aufgeregt?«, fragte er.

»Aufgeregt? Wieso denn?« Lexi fuhr mit seinem Vorderrad direkt in einen freien Radständer vor der Halle. »Ist doch Ullas Prüfung – nicht unsere.«

Toni kettete sein Rad an den Ständer. Er glaubte nicht

so recht an Lexis Gelassenheit – ein bisschen aufgeregt war garantiert auch dieser abgebrühte Abwehrspieler.

»Hallo zusammen! Habt ihr schon gehört, dass wir heute in der großen Halle 1 sind?« Charlotte kam, gefolgt von Clarissa und Jana, auf den Stellplatz für Fahrräder gebraust. Sie schwang sich aus dem Sattel ihres knallroten Rennrads, schloss es vorne und hinten an und fügte hinzu: »Außerdem kommt das Fernsehen.«

Toni sah hinüber zu Clemens. Der klappte den Mund auf und wieder zu. Und selbst Lexi brachte keinen Ton mehr heraus.

Aber da prusteten die Mädchen auch schon los. »Jetzt habt ihr aber echt Schiss bekommen, was?« Charlotte nahm die drei Stufen zum Eingang in einem Satz. »Macht euch keine Sorgen, war nur ein kleiner Witz.«

Toni seufzte. Auf solche Witze konnte er im Moment echt verzichten.

»Okay, meine Lieben, ich bin viel aufgeregter als ihr.« Ulla hatte die Mädchen und Jungen in einen kleinen Gymnastikraum neben der Halle 1 geführt. »Meine Prüfer sind die Damen und Herren in der ersten Reihe. Die übrigen Zuschauer sind Studenten und ein paar Freunde von mir. Um all diese Leute braucht ihr euch nicht zu kümmern.« Ulla wischte sich eine Schweißperle von der Stirn. »Ich hab ganz vergessen, euch vorher mal in die Halle zu lassen. Also kriegt keinen Schreck: Die ist ein bisschen größer als Halle 3, die Musik wird auch ein bisschen lauter sein, da haben wir nämlich eine supergute Anlage.« Sie warf einen Blick auf die Uhr. »Wir sind gleich dran. Habt ihr noch Fragen?«

Jana meldete sich. »Wer tanzt denn mit wem?«

Ulla haute sich mit der flachen Hand vor die Stirn. »Oh Mann, das fängt ja gut an. Hab ich total verpennt! Danke, Jana. Äh, ach, macht das doch selbst aus. Am besten hier und jetzt. – Ich seh mal eben nach, ob wir schon dran sind.« Und schon rannte die sonst so ruhige Ulla aus dem Gymnastikraum.

Roland wurde sofort von drei Mädchen belagert, während sich alle möglichst weit von Fabio fernhielten, dem ja ein paar wichtige Trainingseinheiten fehlten. Toni hielt Ausschau nach Charlotte, aber das blaue Band war irgendwie verschwunden. Stattdessen lächelte Antonia ihm und Clemens zu und kam auch noch herüber zu ihnen.

O nein, bitte nicht, dachte Toni. Antonia konnte er wirklich nicht ausstehen. Andererseits hatte Ulla ihnen eingeschärft, dass jede mit jedem tanzen könne. Ablehnen kam also ganz und gar nicht infrage. Aber als Antonia nur noch drei Schritte von ihnen entfernt war, tippte jemand Toni auf die Schulter.

»Wollen wir?«

Toni spürte, dass er mal wieder knallrot wurde. Es war Charlotte!

»N-n-na klar!«, stammelte er und warf Clemens über die Schulter einen entschuldigenden Blick zu – denn der wurde nun von Antonia heimgesucht. Aber irgendwie schien Clemens das mit Fassung zu tragen. Toni hatte fast das Gefühl, als hätte Clemens sogar mit Frau Gratwohl-Berger getanzt, ohne eine Miene zu verziehen.

»Seid ihr so weit?« Ulla schien noch nervöser als eben.

»Moment noch!«, rief Lexi. »Du hast die Kampfparole vergessen.«

»Kampfparole? Red keinen Mist, Lexi. Das hier ist kein Fußballspiel, das ist meine Prüfung.«

Aber Lexi ließ sich nicht davon abbringen. »Das ist fast wie Fußball. Und wir wollen, dass du gewinnst, oder?«

Also stellten sie sich im Kreis auf, legten die Arme über die Schultern ihrer Nebenleute, Lexi zog auch Ulla mit in den Kreis, ehe die Jungs ihre Kampfparole riefen:

»Grün ist der Rasen und schwarz sind die Fliegen.
Die andren sind super, doch wir werden siegen!«

»Wieso Rasen?«, fragte Antonia. »Und was für Fliegen?«

»Das ist doch nur ein Bild!«, entgegnete Clarissa.

»Wofür?«, hakte Antonia nach.

Das wusste Toni allerdings auch nicht so genau. Aber seit Lexi den Spruch gedichtet hatte und sie ihn vor jedem Spiel aufsagten, hatten sie nicht mehr verloren – was immer das mit den Fliegen bedeuten sollte, es brachte den *Superkickern* anscheinend Glück.

Und dann riefen sie es alle im Chor: »Grün ist der Rasen und schwarz sind die Fliegen. Die andren sind super, doch wir werden siegen!«

Da flog die Tür zum Gymnastikraum auf, ein Herr mit angegrautem Bart steckte seinen Glatzkopf herein und nuschelte: »Frau Fischer, bitte, Sie sind dran!«

Ulla hätte den Tänzern Halle 1 wirklich vor der Prüfung zeigen sollen, fand Toni. Denn dieser Raum war gewöhnungsbedürftig: Halle 1 war viel größer als Halle 3, unter der Decke hingen Basketballkörbe, vier große Lautsprecherboxen und allerlei Seile und Geräte für Turner. Auf einer breiten Zuschauertribüne saßen die Prüferinnen und Prüfer, Studentinnen und Studenten. Aber vor allem hatte die Halle etwas, mit dem Toni überhaupt nicht gerechnet hatte: Fenster. Von der Decke bis zum Boden reichten die Glasscheiben auf der Seite, die der Tribüne gegenüberlag. Durch diese Fensterfront konnten alle Sportstudenten, die über den Hof zu ihren Seminarräumen spazierten, in die Halle gucken. Und dort draußen vor den Fenstern entdeckte Toni einen Jungen, der das Treiben in der Halle beobachtete. Er sah ihn nur kurz, dann hatte der Blondschopf sich hinter einer Hecke ver-

steckt. Aber dieser kurze Moment hatte völlig ausgereicht, um Toni eiskalte Schauer über den Rücken zu jagen.

Und noch während die Musik anfing, dachte Toni nur an den Jungen. Er hatte ihn zwar nur kurz gesehen, aber er war sich ziemlich sicher, wer das gewesen sein könnte – Vinz. Wenn er es wirklich war, dann konnten sich die *Superkicker* auf etwas gefasst machen! So bescheuert wie Vinz im Moment drauf war, würde er das mit der Tanzerei bestimmt nicht auf sich beruhen lassen.

»Was ist los?«, flüsterte Charlotte.

Toni schüttelte nur kurz den Kopf und murmelte: »Erzähl ich dir später.«

Und dann konnte sich Toni sowieso nicht mehr auf den Jungen vor der Scheibe konzentrieren: Er war voll und ganz mit sich, seinen Beinen, der Musik und natürlich mit Charlotte beschäftigt. So richtig rund lief die Tanzerei noch immer nicht. Bei Roland und Clarissa sah es so aus, als würden sie gleich abheben und wegschweben, während Toni sich eher wie ein Grashüpfer vorkam, der immer wieder landen und seine Beine sortieren musste, bevor er den nächsten Schritt wagen konnte.

»Wir müssen ein bisschen schneller werden, sonst fällt Ulla durch!«, flüsterte Charlotte bei der dritten Walzerrunde – immerhin hatte Toni es geschafft, ihr kein einziges Mal auf die Füße zu treten.

Und während Toni in das freundliche Gesicht von Charlotte blickte, auf die Musik hörte, sich drehte und sich bemühte, die Beine nicht zu verknoten, da vergaß er den Streit mit Vinz. Und für einen Moment hatte er fast das Gefühl, mit Charlotte zu schweben. – So gut, wie das ein Walzer tanzender Grashüpfer eben kann.

# 14. Kapitel

Magengrummeln.

Es war wieder ein Samstagnachmittag, und wieder war es da: das Magengrummeln. Toni packte seine Torwarthandschuhe in den Rucksack. An diesem Samstag musste er das erste Mal seit seinem Rauswurf wieder ins Vereinshaus des *TUS Altenburg* in die Altenburger Straße fahren.

»Tschüss, Lisa, drück mir die Daumen!«, rief er vom Flur aus.

»Ich komme gleich nach!« Lisa öffnete ihre Zimmertür. »Ich muss doch sehen, wie ihr euren alten Verein in Grund und Boden spielt.«

Toni seufzte. Er war sich seiner Sache nicht ganz so sicher. Der *TUS Altenburg* war nach wie vor kein schlechter Klub. Auch wenn der Trainer Schäfer gern Tobsuchtsanfälle bekam.

»Kopf hoch, Toni! Ihr seid eine Spitzenmannschaft.«

Lisa gab ihm einen Klaps auf die Schulter. »Ihr packt das! Wenn noch nicht mal Ulf von den *Kids vom SC* an Lexi und dir vorbeigekommen ist, dann brauchst du dir doch wegen Vinz und Martin keine Sorgen zu machen! Die sind viel schlechter als Ulf.« Sie legte den Kopf schief und fügte hinzu: »Und außerdem hast du noch Lexi auf deiner Seite.«

Toni nickte. Irgendwie hatte Lisa da natürlich recht. Andererseits machte sich Toni Sorgen – und die machte er sich vor allem wegen Vinz. Aber das hatte nicht nur etwas mit Fußball zu tun…

Es war merkwürdig, die alte Strecke zu fahren. Irgendwie kam es Toni so vor, als wäre er schon seit Jahren nicht mehr auf dem verlassenen Parkplatz an der Ecke zur Ludwigstraße gewesen. Dabei war es gerade mal drei Monate her.

Pünktlich wie immer wartete Ivo schon, an die Sattelstange gelehnt, auf ihn. »Hi, Toni. Hätte ich nicht gedacht, dass wir noch mal zusammen zum Fußball fahren.« Er grinste.

Toni schmunzelte erleichtert. Es war schön, dass Ivo das Spiel so locker nahm.

»Vinz ist schon vorgefahren. Wo steckt denn Clemens?«

»Bin schon da!« Clemens kam auf den Parkplatz geprescht. »Fast wie in alten Zeiten, oder?«

»Außer dass wir heute gegeneinander spielen.« Ivo zwinkerte ihm zu.

Sie schwangen sich auf ihre Räder.

»Aber das ist doch nichts Neues: Im Training haben wir schon oft gegeneinander gespielt.« Clemens trat kräftig in die Pedale, legte sich in die Kurve und bog in die Feldbergstraße ein.

Als sie am Sportplatz ankamen, standen da schon jede Menge Fahrräder. Sie betraten das Gebäude und stiegen die Treppe runter zu den Garderoben.

Hier unten sagte Ivo: »Okay, Freunde, hier trennen sich unsere Wege für zwei Halbzeiten! Auf ein faires Spiel!« Und dann verschwand er hinter der roten Tür, an die Schäfer einen Zettel mit der Aufschrift »Heim« geklebt hatte, während Clemens und Toni die grüne Tür gegenüber öffneten, auf der das Wort »Gast« stand.

Die Stimmung bei den *Superkickern* war spitzenmäßig.

»Ulla hat eine Eins gekriegt!«, rief Lexi Toni und Clemens zu, als sie die Kabine betraten.

Ulla selbst saß eingekeilt zwischen Fabio, Mehmet und Jamal auf einer Bank und strahlte. »Ihr seid halt einfach super, ihr Kicker!« Aber dann wurde sie ernst. »Ihr wisst, was heute los ist. Der *TUS* ist kein leichter Gegner. Vor allem Vinzent ist ein gefährlicher Stürmer. Aber auch Martin kann manchmal treffen.« Sie zwinkerte Toni zu. »Aber Lexi und Toni kriegen die schon in den Griff. – Toni kennt sie ja ganz gut. Und Roland will heute lieber nicht spielen. Ich finde das okay, dann übernimmt Ali neben Lexi die Verteidigung.« Sie stand auf. »Der gefährlichste Mann beim *TUS* ist in meinen Augen der Spielmacher, Ivo. Der ist irre laufstark und hat eine tierische Kondition.« Sie grinste. »Den hättet ihr mal mitbringen sollen, als ihr ausgetreten seid. Ivo wäre ein perfekter Mittelfeldspieler für uns.«

»Was nicht ist, kann ja noch werden«, warf Clemens ein und zog sich das grün-weiße Trikot über den Kopf.

Ulla lachte. »Bis Ivo in unseren Verein eintritt, passt ihr gut auf ihn auf. Mehmet und Kevin, lasst ihn nicht zum Schuss kommen!«

Mehmet nickte. »Mit dem komm ich klar.«

»Den Rest machen wir so wie immer: Zieht das Spiel durch kurze, genaue Pässe auf die Seiten auseinander, verzettelt euch nicht in Einzelaktionen! Und wer gerade nicht am Ball ist, der läuft sich frei und bietet sich an. Und nicht vergessen: Das Tor ist das Ziel. Also los, dann laufen wir uns mal auf dem Platz warm!«

Die Jungs sprangen von den Bänken, aber Lexi rief: »Moment noch! Wir haben was vergessen!«

Ulla lachte.

Aber dann stellte sie sich mit der Mannschaft in den Kreis, und sie riefen: »Grün ist der Rasen, schwarz sind die Fliegen! Der *TUS* hat die Bringer, doch wir werden siegen!«

Wir werden siegen, dachte Toni, als er die Kabine verließ. Auch als sie sich dehnten und warm liefen, hatte er noch ein gutes Gefühl. Das verschwand allerdings schlagartig, als die Jungs vom *TUS Altenburg* auf dem Platz erschienen.

»Da sind ja unsere Balletttänzer!«, rief Vinz quer über das Spielfeld. »Seht mal, wie brav sie hüpfen! Spring, Pferdchen, spring, Pferdchen!«

Der ganze Klub lachte schallend. Nur Ivo lachte nicht. Der stand abseits und band sich die Fußballschuhe zu.

»Na, habt ihr eure Röckchen dabei?«, fragte Martin.

»Wo sind denn die Ballettschuhe?«, wollte Dennis wissen. »Seid ihr euch sicher, dass ihr so was Brutales wie Fußball überhaupt ertragt?«

Die Jungs vom *TUS* kringelten sich vor Lachen über diese irre komischen Witze. Sogar Schäfer, der blöde Trainer, grinste bis über beide Ohren und fuhr sich vergnügt mit Daumen und Zeigefinger über den Oberlippenbart.

Toni spürte Wut in sich aufsteigen. Vinz hatte ihn also doch gesehen. Und er hatte den *TUS* gegen die *Superkicker* aufgebracht. Und dämlicherweise wirkte das Gift, das Vinz und seine Kumpane verspritzten, bei den *Superkickern* sofort.

»Wer hat sich denn da verplappert?«, knurrte Lexi.

Mehmet beschuldigte sofort Fabio, der ihm dafür eine

saftige Ohrfeige verpasste, während Kevin sich mit hochrotem Kopf schon dem Ausgang zu bewegte. Toni setzte sich vor einen Torpfosten und ließ den Kopf hängen. Das durfte doch gar nicht wahr sein. Nun standen sie so kurz vor dem Spiel, bei dem sie zeigen konnten, ob sie wirklich Superkicker waren oder nur so hießen, und dann brach die Mannschaft auseinander!

»He, Leute, lasst euch doch nicht von diesen Schreihälsen ärgern!«, rief er.

»Das sagt der Richtige!«, rief Vinz. »Erst verrätst du deine Leute und dann willst du sie beschwichtigen!«

Toni fuhr auf. »Seit wann bist du so unfair, Vinz?«, fauchte er seinen ehemaligen Freund an.

»Seitdem du mich hast hängen lassen, Tanzbär!«, gab Vinz zurück.

Toni war einen Moment sprachlos. »Ich wüsste nicht, wann ich dich hängen gelassen habe.«

Vinz stieß ihn mit der Hand vor die Brust. »Typisch! Du kapierst eben gar nichts, Toni! Ich habe mich für dich eingesetzt, schon vergessen? Ich habe meinen Daddy bekniet, damit er bei Schäfer anruft! Und dann hast du mich hängen lassen!«

Toni schüttelte den Kopf. Das war ja totaler Quatsch! Toni hatte Vinz doch nicht hängen lassen. Toni hatte sich nur nicht bei Schäfer entschuldigen wollen, weil es nichts zu entschuldigen gab. Aber das hatte Vinz anscheinend noch immer nicht kapiert. Stattdessen zog er es vor, seinem Freund erst nachzuspionieren, um ihn dann zu verraten, auszulachen und vor versammelter Mannschaft bloßzustellen! Das wollte Toni ihm auch ins Gesicht sagen, aber er merkte, dass ihm die Tränen in die Augen schossen. Er brachte nur noch heraus: »Verpiss dich, Vinzent.«

Aber da kam Ulla auf das Feld gerannt und rief die Jungs zu sich. »Alle herkommen! Alle! Auch du, Kevin!«, rief sie dem kleinen Mittelfeldspieler hinterher, der schon fast bei seinem Fahrrad angekommen war. Kevin blieb stehen. Und als Ulla ein energisches »Sofort hierher!« hinterherschickte, trottete auch er zurück zu ihr. »Und du da mit der Nummer neun, zieh Leine!«, motzte Ulla Vinz an, der auch sofort den Schwanz einzog und sich zu seinen Leuten trollte.

»Okay, da hat jemand nicht dichtgehalten«, sagte Ulla, als sich die *Superkicker* um sie versammelt hatten.

Alle Augen richteten sich auf Toni. Und diese Augen waren voller Wut. Toni sah schnell zu Boden und murmelte: »Tut mir leid, es war echt keine Absicht. Ich war sauer und da ist mir eine Bemerkung rausgerutscht.«

Ulla nickte. »Das ist blöd, hätte aber jedem passieren können. Und außerdem tanzt ihr doch gar nicht mehr! Jetzt lasst euch von diesen Großmäulern doch nicht entmutigen! Wer seid ihr denn? Seid ihr die *Superkicker* oder die *Superangsthasen*?«

Ein leichtes Schmunzeln zeigte sich auf einigen Gesichtern.

»Also los! Jetzt zeigt den Angebern, was Fußballballett ist! – Grün ist der Rasen, schwarz sind die Fliegen! – Habt ihr den Rest schon vergessen?«

Lexi sah Toni an. »Okay, ich verzeihe dir, dass du dich verplappert hast. Aber zur Strafe hältst du heute alles!«

Toni grinste erleichtert. »Einverstanden, Lexi. Ich tu, was ich kann!«

Der Schiedsrichter kam zu ihnen. »Herr Schäfer fragt, ob wir endlich mit dem Spiel beginnen können.«

»Klar, wir sind so weit.« Ulla ging mit den Ersatzspielern an den Spielfeldrand.

Toni zog sich ins Tor zurück, sprang noch ein-, zweimal hoch zur Latte und kontrollierte den Sitz seiner Schienbeinschoner und der Torwarthandschuhe. Dann kam der Anpfiff.

Ivo hatte den Ball schneller, als Toni überhaupt gucken konnte. Er spielte rüber zu Dennis, der geschickt zu Martin flankte. Aber da ging Lexi schon dazwischen und nahm Martin spielend leicht den Ball ab, lief ein paar Schritte, rechnete allerdings nicht mit Vinz, der ihm die Flanke prompt versaute und den ersten Schuss aufs Tor wagte. Aber das war nur so eine Art Warnschuss: Der Ball flog drei Meter am linken Pfosten vorbei ins Aus.

»Okay, bauen wir ruhig auf!«, rief Lexi und klatschte in die Hände, um die *Superkicker* aufzuwecken, aber ohne Erfolg: In den nächsten Spielminuten kam keine Flanke an, die *Superkicker* verloren jeden Zweikampf, sogar Kevin lief nicht mehr hinter jedem Ball her – irgendetwas schien die ganze Mannschaft zu lähmen. Toni kam sich vor wie ein Rennwagenfahrer, der mit angezogener Handbremse fuhr.

Und dann stürmten sie plötzlich auf das Tor zu: Vinz und Ivo. Ivo rannte auf Lexi zu, trickste ihn mit einer Körpertäuschung aus und passte Vinz genau in den Lauf. Toni spurtete aus dem Tor, um den Schusswinkel zu verkürzen, aber Vinz war schneller: Er schoss. Toni hechtete nach dem Ball, aber das Leder sauste an ihm vorbei ins Tor.

»Tor! Tor! Tor!«, riefen die Jungs vom *TUS*. Vinz rannte zu Ivo, um sich für die Vorlage zu bedanken.

Toni hörte die Ersatzmannschaft und die Fans des *TUS Altenburg* »Fliegenfänger! Fliegenfänger!« rufen.

»He, was war das denn?«, fragte Lexi, als er den Ball aus dem Netz fischte. »Ich dachte, du hältst alles?«

»Und ich dachte, du lässt dich nicht einfach austricksen«, knurrte Toni zurück.

Aber Lexi lachte nur und sagte: »Du musst immer an eins denken, Toni: Wir können nicht absteigen, das ist unser Vorteil!« Und dann zwinkerte er Toni zu und rannte mit dem Ball zum Anstoßpunkt.

Toni warf einen Blick auf die Seitenlinie, um zu sehen, ob Ulla irgendwelche Zeichen gab. Aber Ulla nickte ihm nur aufmunternd zu. Auch seine Schwester Lisa, die ein paar Meter neben Ulla stand, drückte ihm sichtbar die Daumen. Und als Toni sogar seine Eltern hinter Lisa bemerkte, machte sein Herz einen kleinen Freudensprung.

Der Schiedsrichter gab den Ball frei, und Mehmet versuchte mal wieder, einen Doppelpass mit Kevin hinzukriegen. Aber Kevin verfranste sich wie früher in seinem eigenen Gedribbel und verlor den Ball so schnell, wie er ihn bekommen hatte.

Wenigstens passte Lexi beim folgenden Angriff des *TUS* besser auf und konnte Vinz durch eine mutige Grätsche den Ball wegschnappen.

Vinz tobte vor Wut. »Dieser blöde Tsatsiki! Der kann nichts und stinkt!«, knurrte er in Lexis Richtung.

Aber dann verstummte er. Denn am Spielfeldrand bauten sich vierzehn Mädchen auf: Grün-weiße Fahnen und Schals hatten sie mitgebracht, und sie feuerten die *Superkicker* an, dass den Gegnern Hören und Sehen verging. Das waren ihre Tanzpartnerinnen, die zu diesem wichtigen Spiel angerückt waren, zwar mit Verspätung, aber dafür vollzählig und extralaut.

Charlotte, Clarissa, Jana und auch Antonia schrien und jubelten, was das Zeug hielt. Es war eine Wucht. Und mit ihrem wilden Geschrei schafften es die Mädchen tatsächlich, die Handbremse bei den *Superkickern* zu lösen. Das Spiel lief plötzlich besser: Die meisten Pässe kamen an, Kevin ließ einmal sogar Ivo stehen und hakte wieder jeder Aktion nach, selbst wenn sie noch so aussichtslos erschien. Auch Mehmet und Fabio spielten besser zusammen. Nach und nach schien die ganze Mannschaft auf

einem Teppich aus Jubel zu schweben. Aus dem Augenwinkel sah Toni, dass sich auch seine Schwester Lisa und sogar seine Eltern zu den Mädchen gesellten und kräftig mitbrüllten. Und dann war plötzlich Clemens allein vor dem Tor. Er fackelte nicht lange, zog ab und der Ball sauste ins obere linke Eck.

Der Jubel war grandios – es stand 1:1! Und der Schiedsrichter pfiff unmittelbar danach zur Halbzeitpause.

»Wir können es schaffen, Jungs!«, sagte Ulla in der Pause. »Ihr müsst nur dranbleiben. Kevin, gut, wie du nachhakst, mach das weiter so! Lass Ivo keine Ruhe, wenn er in deine Nähe kommt. Lexi und Ali, ihr müsst hinten noch enger zusammenrücken. Aber jetzt am Schluss war es gut. – Ich bin gespannt, was Schäfer macht. Vielleicht wechselt er einen dritten Stürmer ein. Oder er versucht, das Unentschieden zu halten.« Der Schiedsrichter gab das Zeichen, dass es weitergehen sollte. Ulla nickte.

Die Jungs trabten wieder auf das Spielfeld. Toni und Clemens liefen nebeneinander, als Ivo plötzlich hinter ihnen auftauchte und flüsterte: »Pass auf, Clemens! Schäfer hat Pitt als Verteidiger eingewechselt. Der tritt gern zu – egal ob er den Ball oder deine Beine trifft.«

»Danke, Ivo!« Clemens nickte seinem Freund zu.

Toni lief zum Tor. Ivo war ein echter Freund. Er war wirklich fair und verhalf nicht nur sich zu einem Vorteil. Dass Vinz Clemens nicht vor diesem Pitt gewarnt hatte, wunderte Toni inzwischen nicht mehr. Er ließ seinen Blick zu den Jungs vom *TUS Altenburg* gleiten. Schäfer schien tatsächlich das Unentschieden halten zu wollen: Er hatte Martin vom Platz genommen und dafür Pitt mit der Nummer 11 aufgestellt. Dieser Junge hatte etwa die Statur von Lexi: groß und breit. Als die Jungs sich am Halbkreis aufstellten, trat er zur Begrüßung Clemens gleich mal auf den Fuß. Toni schüttelte den

Kopf. Diese Art Fußballer konnte er einfach nicht ausstehen. Aber für Schäfer waren solche Kerle natürlich »Bringer«.

Toni dehnte sich noch einmal, als auch schon der Pfiff des Schiedsrichters die zweite Halbzeit einläutete.

Die Mädchen am Spielfeldrand feuerten die *Superkicker* wieder an, was das Zeug hielt. Aber durch ein Missverständnis zwischen Kevin und Mehmet hatte plötzlich mal wieder Ivo den Ball. Fabio kam zu Hilfe und versuchte, Ivo zu stören, aber dieser ließ ihn einfach stehen, stürmte nach vorn, an Ali vorbei und passte zu Vinz, der mitgelaufen war. Aber als Vinz Lexi kommen sah, spielte er schnell wieder zurück zu Ivo, der nun von Ali und Lexi in die Zange genommen wurde. Aber Ivo hatte seinen Rhythmus gefunden. So laut die Mädchen am Spielfeldrand auch riefen und pfiffen: Ivo setzte sich gegen Lexi und Ali durch und schoss. Toni sah den Ball auf sein Tor zusausen. Nach oben hatte Ivo geschossen – oben rechts, seine Lieblingsecke. Toni sprang. Schwarz sind die Fliegen, dachte er noch. Dann prallte der hammerharte Ball auf seine Hände. Toni riss ihn mit sich zu Boden und hielt ihn sicher – *vor* der Linie. Es war eine Parade der Extraklasse.

»Super!«, schrie Ulla vom Spielfeldrand. »Super gemacht!«

»Toni, Toni, Toni!«, skandierten die Mädchen.

Toni stand auf und warf den Ball Lexi zu, der nicht lange fackelte und bis zur Mittellinie lief, ohne von irgendjemandem gestört zu werden. Das schien Lexi zu ermutigen. Er lief weiter, obwohl Mehmet und auch Kevin völlig frei standen. Endlich setzte Dennis an, Lexi zu stören. Der breite Abwehrspieler ließ seinen Angreifer kommen und spielte im letzten Moment zu Mehmet, der nur zwei, drei Schritte mit dem Ball machte, dann zu Kevin passte, der sofort an Clemens abgab. Clemens stürmte über den rechten Flügel vor, aber da kam Pitt ihm schon entgegen. Clemens spielte ab in die Mitte, wohin sich Lexi inzwischen verirrt hatte.

Toni lachte und murmelte: »Mensch, Lexi, du spielst Verteidiger und nicht den Libero!«

Aber Lexi kam nicht zum Schuss, weil zwei weitere Verteidiger vom *TUS* ihn hinderten. Er spielte mit einem Hackentrick zurück zu Kevin, der nun eine hohe Flanke auf Clemens fabrizierte. Clemens stand perfekt: Pitt war zwar in seiner Nähe, aber Clemens konnte vor dem Abwehrspieler zum Kopfball hochspringen. Aber dann sah Toni Clemens' Lockenkopf plötzlich nicht mehr und der Ball flog ins Aus.

Lexi, Kevin und Mehmet rissen sofort die Arme hoch und riefen: »Foul!«

Aber der Schiedsrichter hatte es auch gesehen und ließ einen gellenden Pfiff los.

Er winkte Pitt zu sich. Und schien mit ihm zu schimpfen. Lexi nutzte die Spielunterbrechung, um zurück auf seine Verteidigerposition zu joggen.

»Was war da los?«, fragte Toni.

»Der mit der 11 hat Clemens im Sprung weggeschubst und in die Kniekehle getreten!« Lexi schüttelte den Kopf. »Der ist ja total bescheuert, der Typ!«

Inzwischen gab der Schiedsrichter einen Strafstoß, den Clemens selbst ausführte und zielsicher versenkte. Es stand 1:2 für die Gäste!

»Na also«, murmelte Toni.

Von da an lief das Spiel für die *Superkicker* wieder wie am Schnürchen: Unterstützt von ihren Fans, fegten sie

nur so über den Platz, und Kevin schaffte es sogar, ein drittes Tor zu schießen.

Kurz vor Schluss kriegten die vom *TUS* doch noch einmal einen passablen Angriff hin. Ivo passte steil in Vinz' Lauf. Aber Vinz musste erst noch an Lexi vorbeiflitzen, der dämlicherweise beim Rückwärtslaufen stolperte. Der Ball prallte neben ihm auf und rollte auf das Tor zu. Vinz legte einen Spurt ein, und auch Toni rannte aus dem Tor, dem Ball entgegen. Sie waren etwa gleich weit vom Leder entfernt, als Toni mit ausgestreckten Armen auf den Ball zusprang und ihn sicher in den Händen hielt.

»Idiot!«, hörte er den wütenden Vinz noch rufen. Dann spürte er nur noch den Schmerz in seinen Händen. Vinz hatte einfach zugetreten, obwohl Toni den Ball schon in den Händen hatte!

Toni schossen Tränen in die Augen. Er sprang auf und stieß Vinz vor die Brust. »Sag mal, spinnst du? Willst du mir die Hände kaputt treten, du Mistkerl?«

»Reg dich ab, Fliegenfänger. Ich war doch nur am Ball!«, verteidigte sich Vinz und schubste Toni zurück. »Kann ja kein Mensch ahnen, dass du mal was hältst, Heulsuse!«

»Ich hatte ihn in der Hand, Vinz!«, rief Toni unter Tränen.

Aber der Schiedsrichter war schon bei ihnen. »Vinzent,

das war gefährlich! So was läuft hier nicht! Runter mit dir vom Platz!«

»Ach was, der simuliert doch!«, rief Schäfer vom Spielfeldrand.

Und Vinz zeigte dem Schiedsrichter einen Vogel. »Sie fallen doch wohl nicht auf die Schauspielerei von der Heulsuse rein!«

Aber der Schiedsrichter hatte es zum Glück genau gesehen. »Jetzt werd bloß nicht frech, junger Mann! Ich kann dich auch für das nächste Spiel sperren lassen! Und jetzt hau ab, zieh dich um!« Dann wandte er sich an Toni. »Zeig mal deine Hände.«

Auch Ulla kam aufs Feld gerannt. »Mach mal eine Faust, Toni.«

»He, es geht schon wieder«, sagte Toni. Er zog die Torwarthandschuhe aus und machte brav mit beiden Händen eine Faust.

Das schien Ulla zu beruhigen. »Willst du, dass jemand anderer für dich ins Tor geht?«

Toni schüttelte den Kopf. »Die Finger sind nur umgeknickt. Es geht gleich wieder.«

»Ich pfeif sowieso in einer halben Minute ab«, sagte der Schiedsrichter. »Aber deinen Freistoß sollst du noch kriegen.«

Toni schoss den Freistoß selbst. Er schoss den Ball einfach, so weit er konnte, in die gegnerische Hälfte. Der

Schuss war ein bisschen verzogen und landete weiter rechts, als Toni gedacht hatte. Aber der Ball war kaum aufgekommen, als der Schiedsrichter das Spiel abpfiff.

Die *Superkicker* hatten gewonnen – 1:3!

# 15. Kapitel

Nach dem Spiel wurde gefeiert. Schäfer hatte zwar vergessen, irgendetwas zu organisieren, aber zum Glück war ja der Kassenwart der *Superkicker* anwesend: Tonis Vater hatte den ganzen Kofferraum voll mit Getränken. Und Ulla verteilte aus einer Kühltasche jede Menge Eis.

»Ich hatte doch noch gar keine Zeit, mich richtig bei euch zu bedanken!«, sagte sie.

»Wir müssen uns bei dir bedanken«, rief Lexi übermütig. »Schließlich bist du die beste Trainerin der Welt! Mit dir werden wir noch Tabellenführer.«

»Und Stadtmeister!«, fügte Fabio hinzu.

Ulla lachte. »Jetzt bleibt mal auf dem Teppich! Habt ihr die *Kids vom SC* schon vergessen?«

Ivo gratulierte Clemens und Toni. Aber als Vinz anfing, das große Wort zu führen, und herumposaunte, dass die *Superkicker* eben Glück gehabt hätten, dass er nicht in Topform gewesen sei und der Schiedsrichter ungerecht gepfiffen habe, da wurde es Toni zu viel. Diese Sprüche konnte er wirklich nicht ertragen. Er nickte seinen Eltern und Lisa kurz zu und verzog sich unauffällig ins Vereinshaus, wo er sich rasch umzog und zu seinem Fahrrad schlich.

Irgendwie wollte er allein sein.

»Haust du etwa schon ab, Torwart?«

Toni erschrak. Charlotte stand mit ihrem knallroten Rennrad hinter ihm.

»Ich dachte nicht, dass du noch da bist«, sagte er. »Aber mir reicht's.«

»Mir auch.« Charlotte setzte sich auf ihr Rad. »Musst du auch stadteinwärts?«

Toni nickte, zog sein Rad aus dem Radständer und merkte, dass er lächelte. Irgendwie war es doch besser, mit Charlotte zurück in die Stadt zu fahren, als ganz allein zu sein.

»Wo musst du denn hin?«, fragte Charlotte, als sie die Altenburger Straße entlangfuhren.

»Ich?« Toni überlegte. Er wollte nicht nach Hause. Er wollte irgendwohin, wo er in Ruhe darüber nachdenken konnte, dass er mit seiner Mannschaft ein Spiel gewonnen, aber einen Freund verloren hatte.

»Ist das so schwer?« Charlotte grinste. »Ich fahr zum Baggersee, komm doch mit!«

Schwimmen – warum nicht?, dachte Toni und nickte.

»Fahren wir an der alten Fabrik vorbei?«, fragte Charlotte. »Die wird heute gesprengt, vielleicht können wir ja noch was davon sehen.«

»Gesprengt?«, hörte Toni sich selbst sagen. Wieso wurde die alte Fabrik gesprengt? Plötzlich merkte Toni, dass er sich in den letzten Wochen nur noch ums Tanzen und Fußballspielen gekümmert hatte – sonst hätte er bestimmt mitbekommen, dass jemand sein Versteck und das seiner Freunde beseitigen wollte. Und wenn er nicht ständig Streit mit Vinz gehabt hätte, wäre er bestimmt öfter im *Tempel* gewesen.

Charlotte hörte gar nicht zu. Sie plapperte auf einmal los: »Ulla hat übrigens angeboten, dass wir weitertanzen können. Hast du nicht Lust, noch mitzumachen? Roland ist auch dabei.«

Toni schüttelte den Kopf. »Tanzen? Spinnst du? Ich tanze nie wieder!«

»Schade. Da hätten wir uns immer treffen können«, murmelte Charlotte.

Sie bogen um eine Straßenecke und sahen sie plötzlich vor sich: die alte Fabrik. Das Gelände war abgesperrt. Toni bemerkte, dass sogar das Loch im Maschendrahtzaun auf der anderen Seite des Hofs, durch das er mit seinen Freunden immer auf das Gelände gekommen war, mit Stacheldraht gesichert worden war.

»Aber wir können uns doch auch beim Fußball treffen«, schlug Toni vor.

Charlotte lachte. »Fußball? Nie wieder! Nur am Rand stehen, jubeln und schreien finde ich total langweilig!«

Toni sah sie an. »Aber ihr wart doch heute alle da.«

»Klar waren wir da.« Charlotte legte den Kopf schief und blinzelte Toni gegen das Sonnenlicht an. »Ulla hat uns drum gebeten. Sie hat gesagt, dass das Spiel für euch total schwierig wird und dass wir euch anfeuern sollen.« Sie zuckte mit den Schultern. »Und so eine gute Tanztrainerin wie Ulla lassen wir doch nicht hängen.«

Toni schmunzelte. »Kann ich verstehen.« Aber dann blickte er zum Fabrikgelände. »Da unten in der Fabrik, da hatte ich mal ein Versteck mit drei Freunden.«

Ein Pfiff gellte durch die Luft. Es gab eine Explosion. Dann sackte das Fabrikgebäude mitsamt Kesselhaus und Maschinenhalle in sich zusammen. Wie ein Kartenhaus.

»Von dem Versteck dürfte jetzt aber nicht mehr viel übrig sein.« Charlotte schwang sich wieder auf ihren Sattel.

»Und von den drei Freunden habe ich auch nur noch zwei«, sagte Toni und folgte dem Mädchen die Straße hinunter Richtung Baggersee.

# Ein Zwilling kickt selten allein

Mit Illustrationen
von Patrick Wirbeleit

# Meisterschaften warten nicht

Pia, wir müssen!«

»Ich muss auch mal!«

Nicht schon wieder! Paul hasste es wie die Pest, vor der verschlossenen Klotür zu stehen und auf seine Zwillingsschwester warten zu müssen. Und er hasste es, wenn sie deshalb erst auf den letzten Drücker loskamen. Und das ausgerechnet an so einem wichtigen Tag! Aber Pia musste einfach immer. Zumindest immer dann, wenn es dringend wurde. Und je dringender sie losmussten, desto dringender schien sie auch zu müssen.

»Mensch Pia, die Meisterschaft wartet nicht!«

Endlich flog die Klotür auf. Pia stand im Trainingsanzug vor ihm. »Bist wohl aufgeregt, was?«

Paul verdrehte die Augen. Entweder hatte Pia keine Ahnung, oder sie litt an Größenwahn – oder beides. Natürlich war er aufgeregt. Sein Herz raste schon den ganzen Tag auf Hochtouren, den Vormittag in der Schule hatte er kaum

ausgehalten. Denn die Mannschaft der sechsten Klassen vom Schulzentrum Süd stand im Endspiel der Stadtmeisterschaften. Seit fünf Jahren war es das erste Mal, dass eine Fußballmannschaft des *Schulze,* wie das Schulzentrum genannt wurde, es bis ins Endspiel geschafft hatte. Sogar ein paar Schüler aus der Oberstufe hatten Paul und seinen besten Freund Jamaika in der Pause angequatscht und ihnen eingetrichtert, dass sie auf keinen Fall verlieren durften. Schließlich war der Gegner im Endspiel niemand anders als die Mannschaft des Humboldt-Gymnasiums. Und gegen das

*Humboldt* hatte das *Schulze* zuletzt vor fünfzehn Jahren gewonnen. Vor so einem Spiel war jeder nervös, der noch richtig tickte. Aber das mit dem Richtig-Ticken war bei Pauls Zwillingsschwester so eine Sache …

Sie rannten die Treppe hinunter ins Erdgeschoss, schlichen sich durch den Flur und hatten die Haustür schon fast erreicht, als ein Ruf aus der Küche sie stoppte: »Hier geblieben! Bevor ihr euch aus dem Staub macht, räumt ihr erst eure Zimmer auf! Das stand schon vor drei Tagen an!«

Paul ballte die Fäuste. Das hatten sie nun von Pias ewigem Gepinkel! Ihre Mutter hatte ihren Mittagsschlaf beendet. Sie war Lehrerin. Mathematiklehrerin, genau genommen die gefürchtetste Mathelehrerin des *Schulze* und deshalb bei allen Schülern bekannt. So eine Lehrerin als Mutter zu haben, hatte manche Vorteile, aber auch jede Menge Nachteile. Einer der Vorteile war das Mittagsschläfchen. Jeden Tag nach dem Essen legte sich Frau Meyer-Hohenstein aufs Ohr und schlief für mindestens eine halbe Stunde wie ein Murmeltier. Wenn Paul und Pia es in dieser Zeit schafften, sich zu verdrücken, hatten sie bis zum Abendbrot ihre Ruhe. Einer der vielen Nachteile dieses Berufes aber war, dass Lehrer nachmittags oft oder immer zu Hause rumlungerten, um ihre Kinder besser zu erziehen als die Kinder, mit denen sie es in der Schule zu tun hatten. Und Paul und Pia hatte es so richtig hart getroffen: Sie hatten nicht nur eine Mutter, die Mathe und Physik unterrichtete, sie hatten auch noch einen

Vater, der Mathe und Physik unterrichtete. Aber zum Glück arbeitete ihr Vater wenigstens nicht an ihrer Schule, sondern am Humboldt-Gymnasium.

»Wir haben jetzt echt keine Zeit zum Aufräumen, wir müssen zum Endspiel!« Paul wollte an seiner Mutter vorbei zur Haustür schlüpfen, doch sie versperrte ihm den Weg.

»›Fußball‹, ich höre immer nur ›Fußball‹. Wenn ihr Hausaufgaben machen sollt, wenn ihr eure Zimmer aufräumen sollt, immer höre ich ›Fußball‹!« Renate Meyer-Hohenstein stemmte die Fäuste in die Seiten. Jetzt war sie so richtig sauer.

Paul kannte das schon. Immer wenn sich seine Mutter so vor ihnen aufbaute, stand ihnen nichts Gutes bevor. Bestimmt hatte sie wieder eine ihrer irren Erziehungsideen im Kopf. Und die hatten es immer in sich: Da war zum Beispiel die Sache mit den Noten. Fürs Zimmeraufräumen, für den allgemeinen Sprachgebrauch (das hieß auf Deutsch: fürs Nicht-Fluchen, selbst wenn es wirklich und unbedingt sein musste), fürs Helfen im Haushalt, sogar fürs Meckern und Motzen bekamen Paul und Pia Noten. Die wurden von den Eltern an die große ausrangierte Schultafel, die im ersten Stock im Flur hing, geschrieben und zweimal im Jahr ausgewertet. Anscheinend wollte ihre Mutter jetzt auch noch Noten fürs Nicht-Fußball-Spielen vergeben.

»Erst wird aufgeräumt! Eure Zimmer sehen nach Fünf minus aus! Wenn die nicht mindestens im Dreier-Bereich sind, dann …«

»Mama! Hast du mir nicht zugehört?! Es ist das Endspiel!«, unterbrach Paul seine Mutter.

Aber es war zwecklos. Mit seiner Mutter konnte man einfach nicht diskutieren – und über Fußball erst recht nicht. Fußballer waren in den Augen von Pauls Mutter hirnlose Schlägertypen, die bei der erstbesten Gelegenheit anfingen sich zu prügeln. Und weil sie auch noch ihren Wag-es-nicht-noch-einmal-Bürschchen-Blick aufsetzte, war es besser, erst einmal nachzugeben und sich nach oben zu schleichen. Schließlich konnten sie ja immer noch aus dem Fenster klettern. Aber noch während Paul sich diesen Plan zurechtlegte, schnüffelte Pia plötzlich ziemlich aufgeregt herum.

»Sag mal, Mama, riecht es hier nicht komisch?« Sie deutete Richtung Küche. »Kann es sein, dass du den Herd vergessen hast?« Sie knuffte Paul unauffällig in die Seite. Aber der hatte seine Schwester schon längst durchschaut – während ihre vergessliche Mutter in die Küche stürzte, um nach dem (ausgeschalteten und kalten) Herd zu sehen, entwischten die Zwillinge schnell durch die Haustür.

Der Sportplatz des *Schulze* war einer der beliebtesten der Stadt. Er lag am Hang oberhalb der Schule im Wald.

Paul und Pia nahmen die Abkürzung und preschten auf ihren Fahrrädern den Waldweg hinunter. Als die Bäume den Blick auf den Platz freigaben, machte Paul vor Schreck eine Vollbremsung.

»Das glaub ich nicht.«

Auch Pia hielt mit offenem Mund an und sah auf den Platz hinunter. Sie hatten ja mit einigen Zuschauern gerechnet, aber nicht damit, dass das halbe *Schulze* und das gesamte *Humboldt* anrücken würden. Immerhin war Freitagnachmittag, und da hatten die meisten Schüler etwas Besseres zu tun, als ausgerechnet zu einem Fußballspiel der sechsten Klassen zu kommen – selbst wenn es die Stadtmeisterschaften waren. Der Sportplatz glich einem Stadion. Einem ausverkauften Stadion. Nur auf dem Spielfeld befand sich noch niemand – ansonsten wimmelte es nur so von Leuten. Von der fünften bis rauf zur dreizehnten Jahrgangsstufe waren die Schülerinnen und Schüler zu diesem Spiel gekommen. Wenn Paul wie seine Mutter alles Mögliche benoten würde, hätten die Zuschauer eine glatte Eins gekriegt. Die linke Seite des Platzes schien fest in der Hand des *Schulze* zu sein: Sie war ganz und gar in Orange und Blau getaucht, die Farben des SC 1848 Südstadt. Jeder, der ans *Schulze* ging und ein bisschen Ahnung von Fußball hatte, war Fan von 1848. Die besten Kicker jeder Jahrgangsstufe gingen in die Jugendmannschaften dieses Vereins und bei den Spielen der Erwachsenen-Mannschaft fehlten die Schüler des *Schulze* niemals. Was für die Schüler des *Schulze* der SC 1848 Südstadt war, war für die Schüler des Humboldt-Gymnasiums der BV Nordstadt. Die rechte Seite des Sportplatzes war daher ganz und gar in Grün und Weiß getaucht, die Farben des Nordstadt-Klubs. Einzig vor dem Haus mit den Umkleidekabinen und Duschen, vor dem Lehrer und Eltern Würstchen und Getränke verkauften, mischten sich die vier Farben zu einem bunten Haufen. Die Schläge einer großen Trommel, ein paar Hupen und jede Menge Geschrei drang zu den Zwillingen herauf.

»Wahnsinn.« Pauls linkes Knie zitterte ein bisschen, als er wieder auf den Sattel stieg.

»Na ihr habt vielleicht Nerven!« Peter Baumeister, genannt Käpten Pitt, war nicht gerade begeistert, als Pia und Paul den Klubraum betraten, in dem sich die Mannschaft des *Schulze* verabredet hatte. »Es ist gleich Anpfiff. Seid ihr wenigstens schon aufgewärmt?«, fragte der Junge aus Pauls Parallelklasse, der 6b, der der Kapitän der Mannschaft war.

»Wir sind topfit, wie immer.« Pia nickte.

Paul wäre am liebsten im Boden versunken. Seine Schwester konnte so unendlich peinlich sein! Statt eine dicke Lippe zu riskieren, sollte sie lieber froh sein, dass sie und ihre Freundin Betty überhaupt in die Schulmannschaft aufgenommen worden waren. Paul setzte sich auf einen der abgestoßenen Tische neben Jamaika. Der Junge mit der blonden Löwenmähne zwinkerte ihm kurz zu. Jamaika, der eigentlich Jan Maik Kahlenberg hieß, war schon seit dem Kindergarten Pauls bester Freund. Und schon immer hatten die beiden zusammen Fußball gespielt. Paul holte seine Fußballschuhe aus dem Rucksack und begann die Schnürsenkel zu entwirren.

»Gut, also noch einmal. Die vom *Humboldt* wollen es heute echt wissen. Ich hoffe, ihr habt alle eure Schienbeinschoner dabei! Denn wenn mich nicht alles täuscht, wird es ganz schön zur Sache gehen«, begann Käpten Pitt seine kleine Ansprache. Paul schlüpfte in seine Schuhe und zog die Schnürsenkel fest. Da flog die Tür auf, und Herr Schröder, ihr Trainer, kam hereingestürmt.

»Wo bleibt ihr denn? Die anderen sind schon auf dem Platz! Seid ihr vollzählig?« Der Sportlehrer ließ seinen Blick über die Köpfe kreisen und sah schließlich zu Käpten Pitt hinüber.

Pitt nickte.

»Gut. Also, egal, was da oben auf dem Platz los ist: Bleibt fair! Keine Fouls, keine Knochenbrüche! Und was die Taktik angeht …« Schröder zeigte auf Pitt. »Peter gibt die Kommandos. Denkt einfach an das, was wir trainiert haben! Bleibt immer locker, passt schön auf und lasst den Ball laufen.«

Paul konnte gerade noch einen Lachanfall unterdrücken. So ein Blabla! Schröder hatte überhaupt nicht mit ihnen trainiert. Sein ›Training‹ hatte so ausgesehen: Er hatte zwei Mannschaften eingeteilt, den Ball in die Mitte gelegt, einmal mit seiner Trillerpfeife gepfiffen und sich dann auf die Bank gesetzt. Wenn Käpten Pitt nicht das Training übernommen hätte, wären sie niemals bis ins Endspiel gekommen. Aber jetzt tat Schröder natürlich so, als wäre es sein Verdienst, dass sie es so weit gebracht hatten.

»Und jetzt raus mit euch!«

»Moment noch!«, schaltete sich Käpten Pitt wieder ein. »Robert und Taner sind krank. Deshalb fangen wir mit unserer zweiten Aufstellung an. Paul Mittelfeld, links außen, Jamaika rechts, Pia spielt in der Abwehr rechts, Oscar in der Mitte und Ansgar hinten links. Betty, Holger und Hannes bleiben erst mal auf der Bank. Alles klar?«

Die Mannschaft nickte.

»Wir packen das!«, rief Pitt und trabte voraus aus dem Klubraum.

»Das ist der reinste Hexenkessel!«, murmelte Jamaika, als er neben Paul die Treppe hinunterlief.

»Das fürchte ich auch.« Paul sah seinem besten Freund in die Augen. Niemand hatte so leuchtend grüne Augen wie Jamaika und so eine wilde blonde Mähne, die er für das Spiel mit einem Stirnband gebändigt hatte.

Jamaika zwinkerte ihm zu. »Die letzten beiden Heimspiele haben wir auch gewonnen.«

Sie kamen auf den Platz. »Aber seit fünf Jahren sind wir nicht mehr ins Endspiel gekommen«, gab Paul zu bedenken. Doch dann sagte er nichts mehr. Und er dachte auch nichts mehr. Er lief einfach neben Jamaika hinter Oscar, genannt Oscar Stoppersocke, her und traute seinen Augen und Ohren kaum: In der Menge bildete sich eine Gasse, durch die die Schulmannschaft der sechsten Klassen des *Schulze* auf das Spielfeld trabte. An der Spitze wie immer Käpten Pitt, gefolgt von Torwart Tori Flori und Ansgar, dem rechten Verteidiger, dann kamen der breite Oscar Stoppersocke und die schmale Pia und als Schlusslichter Paul und sein Freund Jamaika, die beiden Mittelfeldspieler. Die Schüler um sie herum klatschten, pfiffen, schrien, riefen und skandierten immer wieder: »*Schulze, Schulze, Schulze*!«

Jetzt wurde es Ernst. Am Mittelkreis standen sie den schweren Jungs vom *Humboldt* gegenüber, deren Anführer Sascha Wollschläger mit Käpten Pitt und dem Schiedsrichter ausloste, wer welche Seite bekam.

Paul ließ seinen Blick über die Gesichter der Gegner schweifen. Ein Junge mit knallroten Haaren grinste frech zu ihm herüber und ballte die Fäuste. Paul guckte unauffällig weg, kontrollierte den Sitz seiner Schienbeinschoner und tat so, als hätte er nichts gesehen. Er wollte Fußball spielen – auf eine Schlägerei hatte er absolut keine Lust.

Käpten Pitt schüttelte Sascha und dem Schiedsrichter die Hand. Echt lässig, wie er das macht, dachte Paul. War ja auch kein Wunder, denn schließlich war Käpten Pitt auch der Kapitän der E-Jugend des SC 1848. Aber der breite Sascha wirkte mindestens so cool wie Käpten Pitt. Denn Sascha war der Kapitän der E-Jugend des BVN. Und das war nicht nur der Fußballverein, in den die besten Spieler vom *Humboldt* gingen, sondern auch der beste Fußballverein der Stadt. Zu-

mindest gewannen die schon seit Jahren immer die Meisterschaft – wenn sie nicht in letzter Minute vom 1848 gestoppt wurden …

»Mann, ist das cool!«, flüsterte Jamaika Paul ins Ohr. »Ich fühl mich wie Ronaldo junior!«

Paul brachte kein Wort mehr heraus, er konnte nur noch nicken – die Stimmung um ihn herum war einfach überwältigend!

Sascha vom *Humboldt* hatte die rechte Seite gewählt, sodass die vom *Schulze* erst einmal gegen die Sonne spielen mussten. Dafür hatten sie aber Anstoß und den führte Käpten Pitt persönlich aus. Er stupste den Ball vom Mittelpunkt zu Jamaika, der ihn zu Paul passte.

Na endlich, dachte Paul und rannte, wie immer über die linke Seite, nach vorne. Sofort kam ihm der Rotschopf vom *Humboldt* in die Quere. Aber Paul spielte den Ball in die Mitte zu Jamaika ab, rannte an dem Jungen vorbei und hatte das Leder bereits von Jamaika zurück. Dieses Doppelpassspiel beherrschten die beiden Freunde im Schlaf. Nichts trainierten sie so oft wie diesen Trick: ob mit einem Fußball oder einer leeren Dose, ob auf dem Bolzplatz, auf dem Gehweg oder zu Hause in Pauls Zimmer. Und bei dieser Wahnsinnsstimmung klappte einfach alles: Die ganze Schule schien ihn anzufeuern und zu bejubeln. Es war unglaublich: Paul hatte das Gefühl, als würde er mitsamt dem Ball über den Platz schweben. Er dribbelte an einem kleinen, etwas kugeligen

Jungen vorbei und flankte dann zu Käpten Pitt hinüber, der völlig frei stand.

»Kevin, du Trottel, pass doch auf!«, schrie der Torwart vom *Humboldt* einen seiner Abwehrspieler an.

Aber Pitt fackelte nicht lang: Er drehte sich blitzschnell um, schoss und verfehlte das Tor nur knapp.

»Weiter so! Der Nächste ist drin!«, rief er, klatschte in die Hände und lief zurück.

»Kevin, Dennis!«, schrie der Torwart. »Das passiert mir nicht noch mal!«

Aber dann machte der Schreihals einen weiten Abstoß, der direkt vor den Füßen von Oscar Stoppersocke, dem besten Abwehrspieler des *Schulze*, landete. Der rannte vor bis zur Mitte des Platzes und gab den Ball dann an Jamaika ab. Paul lief auf gleicher Höhe mit, wurde aber sofort vom Rotschopf gedeckt.

»Bleib an dem dran, Basti!«, rief Sascha dem Rotschopf zu. Und Basti tat, was sein Chef ihm sagte: Er folgte Paul auf Schritt und Tritt. Paul konnte so viel rennen, wie er wollte, dieser Basti vom *Humboldt* stellte sich immer so zwischen ihn und den Ball, dass Jamaika ihn nicht anspielen konnte. Und auch die Abwehr der gegnerischen Schule war anscheinend aufgewacht: Zwei Jungs versuchten Jamaika den Ball abzunehmen, während der dritte Käpten Pitt deckte. Es war kein Durchkommen.

»Hierher!«, rief da plötzlich Pia von hinten.

Paul drehte sich um und traute seinen Augen kaum: Seine Schwester, die eigentlich mit Oscar Stoppersocke und Ansgar die Abwehr des *Schulze* war, kam angerannt. Jamaika schoss den Ball gleich zu ihr zurück.

»Hier rüber, Pia!«, rief Paul. Er hatte es gerade sogar geschafft, den lästigen Basti abzuschütteln. Jetzt stand er völlig frei, während einer der Abwehrspieler auf Pia zukam.

»Pia! Hier!«, schrie Paul noch einmal. Aber seine Schwester dachte gar nicht daran, ihn anzuspielen. Sie nahm den Abwehrspieler ins Visier und probierte ihren neuesten Trick aus: den Übersteiger.

Paul konnte kaum hinsehen: Es war einfach zum Ausflippen mit Pia! Immer musste sie sich wichtig machen. Den Übersteiger übte sie schon seit drei Wochen. Anscheinend wollte sie der ganzen Schule vorführen, wie toll sie das konnte: mit dem rechten Fuß antäuschen, dann über den Ball steigen und gleichzeitig mit dem linken Fuß am Gegner vorbeidribbeln. Aber es kam, wie es kommen musste: Pia rutschte auf dem Ball aus, stürzte und der Abwehrspieler schnappte sich sofort das Leder und stürmte los. Pia rappelte sich zwar wieder auf und rannte hinter ihm her, aber jetzt war es schon zu spät: Der Typ flankte zu Sascha hinüber, der Oscar Stoppersocke brutal aus dem Weg schubste und so an ihm vorbeikam.

»Foul!«, riefen die Zuschauer.

Aber der Schiedsrichter ließ unbeirrt weiterspielen. Sascha

stand allein vor dem Tor und zog aus sieben Meter Entfernung voll ab. Tori Flori war wirklich kein schlechter Torwart, aber bei diesem Schuss hatte er keine Chance: Er hechtete noch in die richtige Richtung, aber der Ball sauste an seinen ausgestreckten Händen vorbei ins obere linke Eck.

»Der hat mich gefoult!«, beschwerte sich Oscar Stoppersocke beim Schiedsrichter. Aber der lächelte nur kühl. Das Tor galt. 1:0 fürs *Humboldt.*

Die Fans vom *Humbold*t jubelten. Die Fans vom *Schulze* buhten. Und Paul hätte seine Schwester am liebsten auf den Mond geschossen, mitsamt diesem Sascha und dem Schiedsrichter.

»Ganz locker bleiben, noch ist nichts verloren«, murmelte Käpten Pitt, als er neben Paul zum Mittelkreis lief.

Aber da schien sich Käpten Pitt getäuscht zu haben. Denn dass der Schiedsrichter das Foul von Sascha nicht gepfiffen hatte, verstanden die Jungs vom *Humboldt* geradezu als Einladung zu weiteren Attacken: Der rothaarige Basti hielt Paul am Arm zurück, wenn er versuchte sich freizulaufen. Und als Käpten Pitt endlich einmal eine Flanke von Jamaika vor die Füße bekam, konnte er sich kaum vom Fleck bewegen, weil ihn immer einer am Trikot festhielt.

Pitt beschwerte sich beim Schiri, aber der zuckte nur mit den Schultern und meinte, da sei nichts gewesen. Paul konnte Käpten Pitt ansehen, wie schwer es ihm fiel, nicht gleich auszurasten.

Der Unparteiische war anscheinend blind. Und die vom *Humboldt* nutzten das schamlos aus: Es wurde nur noch getreten, geschubst und umgesäbelt, ob der Ball in der Nähe war oder nicht. Die Fans vom *Schulze* pfiffen und buhten, aber der Schiedsrichter ließ sich nicht aus der Ruhe bringen. Es war nur dem breiten Oscar Stoppersocke und Tori Flori zu verdanken, dass sie bis zur Halbzeitpause kein zweites Tor kassierten. Dabei steckte gerade Oscar mehr als einen Tritt von Sascha ein.

Selbst Herr Schröder redete in der Pause mit dem Schiedsrichter. Und Schröder mischte sich normalerweise nie ein, weil ihm sowieso alles egal war.

»Okay, Leute, auch wenn's schwerfällt: Bleibt fair! Wir sind nicht so wie die. Wir haben diese Spielchen nicht nötig!«, ermahnte Käpten Pitt in der Kabine noch mal alle kurz vor der zweiten Halbzeit. »Paul und Jamaika geht mehr über die Seiten. Und Paul, du musst dich mehr alleine trauen: Geh nach vorn, solange du Platz hast!« Er zwinkerte Paul zu und sagte: »Außerdem darfst du ruhig auch ein Tor schießen. Schließlich kennen sie deinen linken Fuß noch nicht!«

Paul nickte.

»Wenn mich dieser Sascha noch einmal foult, dann kann der sich auf was gefasst machen«, knurrte der breite Oscar.

»Nein, kann er nicht!«, drohte Pitt ihm.

Aber Oscar sah ihn nur mürrisch an: »Das werden wir noch sehen.«

Sie liefen wieder aufs Feld. Als die Mannschaft vom *Humboldt* kam, wurde sie von den *Schulze*-Fans ausgepfiffen. Ebenso der Schiedsrichter.

Die zweite Halbzeit begann, wie die erste aufgehört hatte. Sascha und seine Jungs packten ihre Ellbogen aus, schubsten, schoben, zogen und zerrten, statt zu dribbeln, zu passen oder einfach nur Fußball zu spielen. Paul sah aus dem Augenwinkel, dass Pia Sascha unauffällig, aber kräftig auf den Fuß trat. Fair war das nicht. Aber es war bestimmt ganz gut, diesem Typ mal zu zeigen, dass sie sich nicht mehr einfach aus dem Weg schieben ließ.

Aber Sascha schien das egal zu sein. Er teilte weiter aus, was das Zeug hielt. Als er es allerdings erneut bei Oscar versuchte, hielt der ihn einfach fest und gab ihm eine schallende Ohrfeige!

Die Fans vom *Schulze* klatschten begeistert. »Bravo!«

Doch Käpten Pitt war sofort zur Stelle. »Bist du verrückt, Oscar?«

»Ich lass mich nicht mehr foulen. Das habe ich diesem Holzfäller gesagt und dem Schiri auch.« Oscar war stinksauer.

»Und ich sage, das war ein Foul und gibt Gelb!«, rief der Schiedsrichter in diesem Moment.

»Ach, jetzt haben Sie plötzlich Augen im Kopf?«, schrie Oscar völlig außer sich vor Wut.

Der Schiedsrichter hob drohend den Zeigefinger. Aber Oscar war nicht mehr zu bremsen.

»Was wollen Sie denn noch? Sie sind doch das blindeste Huhn auf dem Platz!«

»Das reicht!«, rief der Schiedsrichter und zeigte Oscar tatsächlich die Rote Karte. Die erste Rote Karte in der Geschichte der Stadtmeisterschaften!

Das Publikum buhte, pfiff und schrie, als Oscar mit hängendem Kopf zum Spielfeldrand trottete.

Das konnte doch gar nicht wahr sein! Ausgerechnet Oscar, der zentrale Abwehrspieler des *Schulze*, flog vom Platz! Als Paul zurück auf seine Position lief, hatte er das Gefühl, nicht mehr vom Fleck zu kommen, seine Beine waren plötzlich bleischwer. Ohne Oscar hatten sie keine Chance mehr, das Spiel noch zu kippen. Was für ein verkorkstes Finale!

Aber zum Glück ließen sich Käpten Pitt und Jamaika nicht entmutigen. Im Gegenteil: Jamaika stürmte noch entschlossener los, ließ zwei Gegner stehen und flankte hinüber zu Paul auf die linke Seite. Paul trickste Basti aus und gab in die Mitte zu Pitt ab, der den Ball aber sofort zu ihm zurückspielte. Paul zögerte nicht lange, dachte nur an Oscar und wie unfair dieser Schiedsrichter pfiff, und ließ den ganzen Ärger in seinen linken Fuß fließen. Er sah den Ball. Er sah das Tor und schoss. Der Ball sauste mit einem irren Tempo auf den Kasten zu. Kevin, der Abwehrspieler, zog ängstlich den Kopf ein, und das Leder landete genau im oberen rechten Eck. 1:1!

Der Jubel der Spieler vom *Schulze* und ihren Fans war unbeschreiblich!

Nach diesem Treffer lief es etwas besser, obwohl ihnen Oscar in der Abwehr natürlich fehlte. Und wie er fehlte, denn Basti verzichtete plötzlich auf die Manndeckung und half stattdessen Holzfäller Sascha im Angriff. Paul und Jamaika ließen sich möglichst weit nach hinten fallen, aber es war nichts zu machen: Fünf Minuten vor Schluss stürmte Sascha mal wieder auf Pia zu. Die gewann sogar den Zweikampf, aber statt den Ball einfach zur Seite ins Aus zu schießen, rannte sie vor und wollte auch noch Basti ausdribbeln.

»Pia, mach keinen Scheiß!«, schrie Paul und rannte zurück. Anscheinend hatte seine Schwester aus dem ersten Tor überhaupt nichts gelernt: Basti knöpfte ihr den Ball ab, passte ihn rüber zu Sascha, der einen Torschuss antäuschte, dann aber doch noch an Basti abgab, der an dem völlig verblüfften Tori Flori vorbei zum 2:1 traf.

Der Schlusspfiff des Schiedsrichters ging fast im Jubel und im Buhen der Zuschauer unter.

Oscar stürmte nach dem Spiel sofort auf Sascha zu. »Das wirst du büßen!«

Der Stürmer lachte. »Kannst wohl nicht verlieren, was? Du Waschlappen! Aber die Ohrfeige, die kannst du sofort wiederhaben!« Er holte aus, aber Herr Schröder ging rechtzeitig dazwischen.

»Es reicht! Aus der Schlägerei wird nichts, Jungs!« Er sah Oscar streng an. »Es ist doch nur ein Spiel, Oscar!«

Oscar schüttelte den Kopf. Und auch Paul hatte irgendwie

das Gefühl, dass Schröder echt keine Ahnung hatte. *Schulze* gegen *Humboldt*, das war viel mehr als nur ein Spiel!

»Ihr kriegt eine zweite Chance!«, lästerte Basti Rotschopf. »In fünf Wochen: BVN gegen 1848.«

»Dann aber mit einem echten Schiri!«, knurrte Käpten Pitt und trottete in die Umkleidekabine voraus.

»Die Mannschaften kommen bitte zur Siegerehrung an den Getränkestand!«, rief Herr Schröder über das krächzende Megafon aus.

Paul und Jamaika sahen sich nur an und schüttelten die Köpfe. Auf diese Siegerehrung konnten sie wirklich verzichten.

# Gelbe Karte

Sechs.

Eine klare und knackige Sechs hätte Paul seiner Schwester für dieses Spiel gegeben.

»Pia hat alles vermasselt!«, raunte er Jamaika zu, als sie aus dem Klubraum traten.

»Der Schiri war schlimmer«, sagte Jamaika.

Die beiden Freunde stolperten die Treppe hinunter. Paul spürte jeden Knochen. Dieses Spiel war wirklich zum Kotzen gewesen. Erst hatte es so gut angefangen und dann diese Schmach. Und das ausgerechnet gegen das *Humboldt*!

»Und wir können noch nicht mal bei der Revanche in fünf Wochen mitmachen«, murmelte er, als sie ihre Fahrräder erreicht hatten. Käpten Pitt und Oscar Stoppersocke hatten es gut. Sie spielten in der E-Jugend des SC 1848 und würden in fünf Wochen gegen den BVN antreten, in dem die besten Spieler des *Humboldt* waren. Paul hatte gehofft, dass Käpten Pitt ihn und Jamaika nach den Stadtmeisterschaften vielleicht fragen würde, ob sie nicht bei 1848 mitkicken wollten. Aber nach diesem miserablen Spiel konnten sie vermutlich lange darauf warten.

Paul schloss sein Rad auf. Pias knallrotes Mountainbike mit dem kleinen Piranha an der Sattelstange war schon weg. Das war Paul nur recht. Die sollte ihm erst einmal aus dem Weg gehen, nach dem, was sie sich heute geleistet hatte. Paul ging die Szene einfach nicht aus dem Kopf: Seine Schwester am Ball, er steht frei, und dann flankte sie nicht zu ihm! Wie konnte sie nur so blöd sein? Da spürte er plötzlich eine Hand auf seiner Schulter und dachte zunächst, es sei Pia. Er schlug die Hand herunter und fuhr blitzschnell herum.

»Mach mal halblang!« Es war Käpten Pitt. Er hatte seine Fußballschuhe an den Schnürriemen zusammengebunden und sich über die Schulter geworfen.

»Tut mir echt leid, Pitt«, sagte Paul. »Wenn Robert und Taner dabei gewesen wären, hätten wir bestimmt nicht verloren.«

Käpten Pitt zuckte nur mit den Schultern. Begeistert guckte er nicht gerade aus der Wäsche. »Wer weiß. Gegen diesen Schiedsrichter war ja kaum was zu machen. Und Robert wäre bestimmt auch vom Platz geflogen. Der regt sich doch noch mehr auf als Oscar.« Der blonde Junge sah von Paul zu Jamaika. »Aber ich wollte euch was ganz anderes fragen. Bei uns im Verein sind zwei Plätze frei geworden. Hättet ihr nicht Lust auf ein Probetraining?«

Paul traute seinen Ohren kaum. Nach diesem miserablen Spiel fragte Käpten Pitt ihn und Jamaika also doch noch? Er war so überrascht, dass er zunächst gar kein Wort herausbrachte.

»Was – äh – wie jetzt – wir beide? Bei 1848?«, stammelte Jamaika.

Pitt legte seine Stirn in Sorgenfalten. »Ihr spielt doch in keinem anderen Verein, oder? Oder habt ihr etwa keine Lust auf uns?«

»Doch, doch!« Endlich fand Paul die Sprache wieder. »Total gern. Natürlich. Wann ist denn das Training?«

»Dienstags und donnerstags um vier. Und zwar pünktlich«, sagte Käpten Pitt. »Also sehen wir uns am Dienstag?«

»Wir sehen uns zwar schon am Montag in der Schule«, Jamaika grinste, » aber von mir aus auch zum Probetraining.«

»Prima. Alles Weitere erklärt euch dann der Trainer am Dienstag«, sagte Pitt und lief hinüber zu Oscar Stoppersocke, der schon mit seinem Fahrrad auf ihn wartete.

»Unglaublich«, murmelte Paul, als er seinen Drahtesel neben Jamaika durch den Wald bergauf schob. »Hat Pitt uns gerade wirklich gefragt, ob wir bei 1848 mitkicken wollen? Nach diesem Spiel? Nachdem wir die Stadtmeisterschaft vergeigt haben?«

»Sieht so aus.« Jamaika warf den Kopf in den Nacken, schüttelte seine Löwenmähne und schrie: »Jiipppppiiiiii!«

Paul stimmte mit ein, und irgendwie wusste er gar nicht mehr, ob er nun traurig sein sollte, weil sie verloren hatten, oder ob er sich freuen sollte, weil er und Jamaika trotzdem zum Probetraining eingeladen worden waren.

»Sechs. Eine knackige Sechs habt ihr verdient. Alle beide. Das ist euch doch hoffentlich klar!« Renate Meyer-Hohenstein war nicht gerade erfreut, als die Zwillinge zum Abendessen erschienen. Dabei waren sie beide frisch geduscht und hatten sogar ihre Zimmer einigermaßen aufgeräumt und die Hausaufgaben gemacht.

»Aber wir haben doch aufgeräumt«, verteidigte sich Pia. »Wir hatten vorher eben nur etwas Wichtigeres zu tun.«

»Ja, Pia musste noch ganz dringend die Stadtmeisterschaften vergeigen, bevor sie ihr Zimmer aufräumen konnte«, knurrte Paul quer über den gedeckten Tisch.

»Ach hör doch auf! Der Schiri war ein Volltrottel. Und dass diese Mistkerle nur geholzt haben, ist doch nicht meine Schuld!«, keifte Pia zurück.

»Wenn du nicht immer deine blöden Tricks ausprobieren müsstest, hätten wir die beiden Tore nicht kassiert«, stellte Paul fest. »Und dann hätte mein Tor gegen diese Holzköpfe gereicht!«

Pia verdrehte die Augen. »Du tickst doch nicht mehr richtig! Jetzt bin ich allein schuld daran, dass wir verloren haben, oder was? Wer war denn zu blöd, sich freizulaufen?«

In Pauls Adern begann die Wut zu köcheln. »Meinst du etwa, dass *ich* zu wenig gelaufen bin?«, schrie er seine Schwester an. Und er musste sich sehr zusammenreißen, um nicht seine Kakaotasse nach ihr zu schmeißen.

Pia zuckte mit den Schultern. »Immerhin standest du ganz schön oft einfach auf dem Platz rum und hast nur geguckt, was die anderen machen, anstatt dich früher anzubieten.«

»Jetzt halt aber mal die Luft an, du blöde Kuh!«, rief Paul. Das war ja wohl die Frechheit schlechthin.

»Nein! Ihr haltet die Luft an!«, schaltete sich da ihre Mutter ein.

Und ihr Vater fügte hinzu: »Und zwar alle beide!«

Paul und Pia verstummten.

»Fußball, immer dieser dämliche Fußball!«, rief Renate Meyer-Hohenstein, der die Begeisterung ihrer Sprösslinge für diesen Sport sowieso vollkommen unverständlich war.

Und auch Jürgen Meyer-Hohenstein pflichtete ihr bei: »Jetzt reicht's. Ihr macht euch einfach aus dem Staub, statt eure Aufgaben im Haus zu erledigen. Und wenn ihr wiederkommt, müssen wir auch noch dieses Gezanke ertragen!«

Paul sah regelrecht, wie sein Vater die gesamten Schimpfwörter der letzten drei Minuten zählte, benotete und sich diese Note vor dem inneren Augen ansah, um eine angemessene und pädagogisch wertvolle Strafe auszubrüten. Und es dauerte auch nicht lange, bis diese Strafe auf sie niederprasselte: »Zwei Wochen Fußballverbot.«

»Weder im Garten noch im Haus und schon gar nicht im Park, auf dem Bolzplatz und auch nicht auf dem Schulhof wird gekickt! Und Bundesliga wird auch nicht geguckt!«, stimmte ihre Mutter ein. »Es gibt auch noch anderes im Leben.«

Paul schluckte. Das konnten seine Eltern doch nicht wirklich ernst meinen. Was gab es denn Wichtigeres im Leben außer Fußball? Hausaufgaben? Tolles Leben. Oder Zimmeraufräumen? Na super! In seinem Leben gab es Fußball. Im Leben seiner Eltern gab es Mathe. Denen verbot ja auch niemand das Rechnen! Aber als er sah, dass der Hals seines Vaters oberhalb des grauen Rollkragens diese roten Flecken hatte, brauchte er dessen Gesicht erst gar nicht anzugucken: Hier stand eine hochgradig pädagogische Erziehungsmaßnahme an. Und das hieß: Diskutieren war vollkommen zwecklos.

Irgendwie wurde Paul das dumpfe Gefühl nicht los, als sollte er jetzt lieber nicht fragen, ob er am Dienstag am Probetraining von 1848 teilnehmen dürfe. Und irgendwie war er sich nach dieser Szene gerade ziemlich sicher, dass seine Eltern ihm nie und nimmer erlauben würden, in einen Fußballverein einzutreten. Im Augenblick blieb ihm nichts anderes übrig, als stumm sein Brot in sich hineinzustopfen und sich zu ärgern. Aber insgeheim zeigte er seinen Eltern und Pia die Gelbe Karte.

# Ein Schwimmbad voll Schule

Oh nein, nicht in die Dachrinne!, dachte Paul.

Es war Dienstagnachmittag um halb vier. Paul hing an seinem Dachfenster und hatte die Tüte, in die er seine Fußballschuhe gesteckt hatte, an einer Schnur in den Garten herunterlassen wollen. Aber irgendwie waren sie in der Dachrinne gelandet. Und da schien sich einer der Fußballschuhe richtig wohlzufühlen: Er hatte sich total verhakt. Paul zog und zerrte an der Schnur, aber es blieb dabei: Die Tüte hing in der Dachrinne fest. Paul überlegte kurz, ob er aus dem Fenster klettern sollte, aber das traute er sich dann doch nicht.

Da lief er doch lieber hinunter ins Erdgeschoss und holte sich einen Besen. Damit würde er die Tüte schon irgendwie wieder freibekommen.

»Willst du deinen Teppichboden fegen?«, fragte Pia schnippisch, als sie ihn mit dem Besen die Treppe raufmarschieren sah.

»Warum nicht?«, gab Paul knapp zur Antwort und spazierte an seiner Schwester vorbei.

Eigentlich mochte er Pia. Aber seit dem Endspiel gegen das *Humboldt* hatten sie das Kriegsbeil noch nicht begraben und er war ihr das ganze Wochenende aus dem Weg gegangen. Der einzige Augenblick, in dem er seine Schwester erträglich gefunden hatte, war, als sie ihn mitgenommen hatte, um bei ihrer Freundin Betty heimlich die Bundesliga anzugucken.

Paul schloss vorsichtshalber seine Zimmertür ab. Er lehnte sich aus dem Fenster und stupste immer wieder mit dem Besenstiel gegen die Tüte. Die Schuhe befreiten sich mit einem Ruck aus der Dachrinne und sausten, gefolgt von einer kräftigen Ladung Moos und Dreck, in die Tiefe.

Paul warf einen Blick auf die Uhr und seufzte. Neuerdings schaffte er es auch ohne Pias Pipiattacken, auf den letzten Drücker zu kommen.

Er rannte hinunter ins Erdgeschoss und suchte seine Eltern. Doch die waren weder in der Küche noch im Wohnzimmer. Also lief er in den Keller. Und tatsächlich fand er seinen Vater im Labor.

Die Sache mit dem Labor hatte niemand so richtig verstehen können. Selbst der Onkel von Paul und Pia hatte seinen Bruder und seine Schwägerin für verrückt erklärt, als er gesehen hatte, was die beiden angerichtet hatten. Als die Meyer-Hohensteins in das alte Haus eingezogen waren, hatte es noch ein Schwimmbad im Keller gegeben. Kein sehr großes Becken, aber für Paul und Pia hätte es allemal gereicht. Aber was hatten Jürgen und Renate Meyer-Hohenstein getan? Sie hatten das Wasser abgelassen und Schreibtische, Metallschränke, Computer und allerlei langweilige Apparaturen hineingestellt und so das leere Schwimmbecken mit lauter Schulzeug gefüllt! Jetzt stiegen die Eltern von Paul und Pia nach ihrem Mittagsschläfchen immer die alte Leiter aus Edelstahl herunter in das blau geflieste, ehemalige Schwimmbecken, um ihren Unterricht vorzubereiten und Mathearbeiten zu korrigieren. Paul öffnete die Tür, lief an der ausrangierten Duschkabine vorbei, die nun zu nichts mehr nutze war und deshalb als Abstellkammer diente, und betrat den blau gefliesten Raum. Sein Vater saß unten im Becken kerzengerade an seinem Schreibtisch, einen dicken Stapel Schulhefte vor sich. Die Ärmel seines olivgrünen Rollkragenpullovers hatte er hochgeschoben. Und Paul tat der Schüler, dem diese Arbeit gehörte, schon von Weitem leid: Das Heft war mit roten Korrekturzeichen nur so übersät.

»Ich geh rüber zu Jamaika, okay?«, fragte Paul. »Bin so um halb sieben wieder da.«

Sein Vater sah zu ihm herauf und fragte nur kurz: »Hausaufgaben?«

»Erledigt«, antwortete Paul. Und das war noch nicht einmal gelogen.

Sein Vater nickte und murmelte: »Gut, halb sieben, pünktlich!« Dann beschäftigte er sich wieder mit der katastrophalen Mathearbeit.

Paul schlich sich aus dem Schwimmbad, rannte die Treppe hinauf, verließ das Haus und bog um die Ecke in den Garten. Er zog die Tüte mit den Fußballschuhen aus dem Stachelbeerstrauch, in dem sie gelandet war, und schob sein Fahrrad auf die Straße.

Jetzt aber nichts wie los, dachte er. Denn wenn er gleich zum ersten Probetraining zu spät kommen würde, wäre der Trainer bestimmt nicht begeistert.

»Meinst du, er nimmt uns?«, fragte Jamaika nach dem Training.

Paul wusste es nicht. Einfach war es jedenfalls nicht gewesen, was Volker, der Trainer von 1848, von ihnen verlangt hatte. Es hatte erst ganz harmlos angefangen: Sie hatten sich warm gelaufen und ein bisschen Gymnastik gemacht. Aber dann war es um die Technik gegangen: Sie hatten geübt den Ball richtig mitzunehmen, mit dem Innenfuß, ohne dabei stehen zu bleiben. Und zwar sowohl links als auch rechts. Anschließend hatten sie das Passen und eine Kombination in Dreiergruppen trainiert. Immer wieder hatte Volker Paul und Jamaika ermahnt. Paul solle nicht so viel herumstehen und zuschauen, er müsse sich viel früher zum Ball bewegen. Und Jamaika hatte er alle Tricks verboten, dabei konnte keiner so gut mit dem Ball jonglieren wie Jamaika.

»Ist mir egal. Das kannst du auf dem Bolzplatz oder auf dem Schulhof machen, um die Mädchen zu beeindrucken. Auf dem Rasen will ich so 'n Zeug nicht sehen!«, hatte der Trainer streng gesagt.

Nun warteten die Freunde vor dem Vereinshaus auf Käpten Pitt und Volker, die sich anscheinend noch über sie berieten.

»Tschüssi, bis Donnerstag!«, rief Tori Flori den beiden zu. Der Torwart schloss sein Rad auf, das genauso aussah wie das von Pia. Ein knallrotes Mountainbike mit einem kleinen Piranha auf der Sattelstange.

»Falls wir mitmachen dürfen«, sagte Jamaika.

Tori Flori lachte nur. »Na, das ist ja wohl keine Frage!«, rief er und schwang sich auf seinen Drahtesel.

Endlich kamen auch Käpten Pitt und Volker.

»Alles klar, wenn eure Eltern einverstanden sind, dann seid ihr dabei«, sagte Volker. Er reichte Paul und Jamaika jeweils ein Anmeldeformular. »Die Mitgliedschaft kostet 60 Euro pro Jahr. Dafür könnt ihr aber auch die Turnhalle mitbenutzen. Es gibt auch eine Tischtennis- und eine Turngruppe. Da könnt ihr mitmachen, wenn ihr Lust habt. Die Anmeldung bringt ihr einfach am Donnerstag mit und das Geld auch. Einverstanden?«

Paul schluckte und nickte. Dass seine Eltern diese Anmeldung freiwillig unterschreiben würden, konnte er sich kaum vorstellen.

»He, alles klar, Paul?«, fragte Käpten Pitt. »Ihr seid dabei! Freust du dich denn gar nicht?«

Paul zuckte zusammen. »Doch, klar, logisch! Super. Ich bin noch ganz, ganz – äh – ich meine – platt. Ich hatte schon befürchtet, wir wären vielleicht zu schlecht oder so.«

Volker schüttelte grinsend den Kopf. »Wenn ihr immer pünktlich kommt und hart trainiert, dann kriegt ihr das hin.«

Sie steckten die Anträge in die Taschen und wollten sich schon auf ihre Räder schwingen.

»Wartet, ich komme mit.« Käpten Pitt schloss ebenfalls sein Rad auf. »Bis Donnerstag!«, rief er Volker zu.

»Bis dann, Jungs! Und brecht euch auf dem Schulhof nicht die Knochen! Die braucht ihr noch!«

# Krakel

Paul hatte keine 60 Euro. In seiner Spardose waren nur noch schlappe zehn Euro. Er spielte mit dem Gedanken, Pia zu fragen, ob die ihm den Rest vielleicht leihen könnte. Aber dann überlegte er sich es doch noch einmal anders. Wenn sie mitbekommen würde, dass er heimlich bei 1848 mitkickte, würde sie garantiert auch mitspielen wollen. Und darauf konnte Paul wirklich verzichten.

Aber selbst wenn er irgendwie die fehlenden 50 Euro auftreiben würde, blieb immer noch das Problem mit der Unterschrift. Das Geschnörkel seines Vaters war einmalig, das konnte er nicht fälschen. Deshalb probierte er es mit der Unterschrift seiner Mutter, aber überzeugend sahen die Ergebnisse auch nicht gerade aus. Und Jamaika meinte: »Unterschriften zu fälschen, das gibt früher oder später Ärger. Und zwar saftig. – Da kenne ich mich aus.«

Doch was sollte Paul machen? Fürs Erste blieb ihm nichts anderes übrig, als den Trainer immer wieder zu vertrösten:

Am Donnerstag hatte er die Anmeldung angeblich vergessen, am Dienstag darauf konnte er sie merkwürdigerweise nicht in seiner Tasche finden, obwohl er sie angeblich eingesteckt hatte … Paul hasste es zu lügen, aber er war in einer echten Zwickmühle. Selbst Jamaika wusste keinen Rat.

»Vergiss nicht die Anmeldung mitzubringen!«, rief ihm Käpten Pitt am Donnerstagmorgen vor der Schultür zu.

Paul sah sich blitzschnell um. Pia war zum Glück schon mit ihrer Freundin Betty Richtung Klassenzimmer verschwunden.

»Klar, mach ich«, murmelte Paul und wollte sich schnell verdrücken. Aber Pitt hielt ihn am Arm fest.

»Deine Eltern haben doch nichts dagegen, dass du bei uns mitspielst, oder?«

»Natürlich nicht!«, log Paul und machte sich mit einem Ruck von Pitt los. »Ich bring die Anmeldung heute Nachmittag mit! Versprochen.«

Paul beeilte sich in seine Klasse zu kommen. Er musste die Unterschrift und das Geld bis zum Nachmittag einfach auftreiben, egal wie!

»Moin, moin!«, sagte Jamaika, als er sich neben Paul setzte. Er sah seinen Freund von der Seite an. »He, ist dir eine Laus oder jemand vom BVN über die Leber gelaufen?«

»Nicht über die Leber, über den Weg.« Paul sprach etwas leiser, damit Pia ihn auf keinen Fall hören konnte. »Käpten Pitt will endlich die Anmeldung sehen.«

Aber da ertönte auch schon das fürchterlich gut gelaunte »Good morning boys and girls!« von Herrn Brakel, den alle nur Krakel nannten. Der stets braun gebrannte, immer supergut gelaunte Englischlehrer mit der unleserlichsten Schrift aller Zeiten ließ sein Plastikköfferchen aufs Pult krachen.

»Pia, would you sit down and Betty, would you shut your mouth, please!« Er zog einen Stapel Hefte aus seinem schicken Köfferchen. »Damit ihr es alle versteht, sage ich es euch auf Deutsch. Konrad, das gilt auch und gerade für dich! Sperr die Ohren auf und mach den Mund zu.« Das größte Großmaul der Klasse hörte auf, Lena zu ärgern, und verstummte. »Eure Hefte sind allesamt fürchterlich unordentlich geführt. Ausgenommen die von Klara und Betty. Ich möchte deshalb, dass ihr mir alle die Hausaufgabe von heute von euren Eltern unterschreiben lasst.«

Ein Stöhnen ging durch die Klasse. Dass die Eltern jeden Blödsinn unterschreiben sollten, war ein Tick von Krakel.

»Ihr seid selbst schuld!«, rief Krakel und verteilte die Hefte. »Ich habe euch zehnmal gesagt, dass ich eure Haushefte kontrollieren werde. Nächste Stunde schreiben wir übrigens einen Vokabeltest!«

»Benotet?«, fragte Konrad.

»Of course!«, antwortete Krakel jetzt wieder auf Englisch und fügte hinzu: »Open your books, please. Page 26.«

Und dann grinste der bestens gelaunte Englischlehrer sein sonnigstes Lächeln in die Runde und forderte Paul auf vorzulesen. Paul blickte kurz in Krakels Gesicht und wollte gerade loslegen, als ihn dieses für einen Donnerstagvormittag viel zu breite Grinsen plötzlich auf eine geniale Idee brachte. Er konnte an nichts anderes mehr denken und deshalb auch nicht mehr vorlesen. Und diese Idee war eigentlich ganz einfach: Pauls Mutter hasste Krakels Grinsen. Und sie hasste Krakel. Vor allem, dass er sich jeden Mist unterschreiben ließ, fand Renate Meyer-Hohenstein hochgradig lächerlich und überflüssig. Und das war Pauls Chance!

»We are waiting for you, Paul!«

»Sorry!« Paul zuckte zusammen und begann endlich zu lesen.

Paul war nicht gerade gern ein Zwilling. Immer wurde er mit seiner Schwester verglichen. Überall tauchten sie zu zweit auf und immer wurden sie als Paar behandelt. Dass Pia auch noch so fußballbegeistert war wie er, war zwar ganz praktisch, weil er dann immer einen Trainingspartner hatte, aber mit Jamaika und selbst mit Pias Freundin Betty, die keine schlechte Torhüterin war, kickte Paul dann doch lieber als mit seiner Schwester. An diesem Donnerstagnachmittag war es allerdings gar nicht schlecht, ein Zwilling zu sein. Paul bot Pia an, dass er auch ihr Englischheft von ihrer Mutter unterschreiben lassen könne. Denn er konnte Pias Heft gut als Tarnung gebrauchen.

»Danke«, sagte Pia, die niemals Ordnung in ihre Hefte

kriegte, etwas verwundert. »Willst du dich damit etwa bei mir einschleimen und alles wieder gutmachen?«

»Einschleimen?« Paul hörte wohl nicht richtig! »Warum denn?«

Pia lachte trocken: »Du machst dich heimlich aus dem Staub, nimmst mich nie mit und verrätst mir nicht, wo du hingehst. Und das, obwohl ich dich mit zu Betty zum Fußballgucken genommen habe!« Pia lehnte sich in ihrem Schreibtischstuhl zurück. »Du behandelst mich seit dem verpatzten Endspiel wie Luft und hast kein einziges Mal mit mir trainiert.«

»Wir haben Fußballverbot, falls du das vergessen hast«, antwortete Paul erstaunt. Erstens hätte er nicht gedacht, dass es Pia etwas ausmachen würde, wenn er sie ein bisschen links liegen ließ, und zweitens hatte er eigentlich das Gefühl gehabt, dass sie sich gegenseitig aus dem Weg gingen.

»Klar. Fußballverbot.« Pia sah ihn an. »Dass ich nicht lache!«

Pia schien zu ahnen, was er so trieb. Aber eine Diskussion darüber konnte er im Moment überhaupt nicht gebrauchen. Was er dagegen unbedingt brauchte, war Pias Englischheft, und das schnappte er sich jetzt einfach und stiefelte damit die Treppe hinunter.

Renate Meyer-Hohenstein saß derweil im Labor und ließ verschiedene Gegenstände ein schiefes Brett runterrutschen. Auf dem Boden des Schwimmbeckens lagen schon jede Menge Scherben und das ganze Experiment hielt sie mit einer Videokamera fest. Das war zu schön, um wahr zu sein, dachte Paul. Heute war sein Glückstag: Sein Vater war nicht da und seine Mutter experimentierte. Einen besseren Moment hatte er gar nicht erwischen können! Denn wenn seine Mutter erst einmal in ihre Arbeit versunken war, dann war sie mit ihren Gedanken immer extrem weit weg.

»Mama, Herr Brakel-Krakel will, dass du unsere Hausaufgaben unterschreibst.« Er schluckte und log mit möglichst gleichgültigem Tonfall: »Und den Vokabeltest.« Er kletterte ins ehemalige Schwimmbecken hinunter.

Seine Mutter verdrehte die Augen. »Irgendwas Besonderes? Oder will er sich wieder nur wichtigmachen?«

Paul zuckte mit den Schultern. »Keine Ahnung.«

Er legte seiner Mutter das Heft von Pia, sein eigenes und darunter verdeckt zwei Blätter hin, auf denen angeblich der Vokabeltest stand. Aber auf den Zetteln stand kein Vokabeltest. Denn diesen Test hatten sie noch gar nicht geschrieben. Der eine Zettel war leer. Der zweite Zettel aber war eine Anmeldung zu einem gewissen Sportverein, die Renate Meyer-Hohenstein garantiert nicht unterschrieben hätte, wenn sie sie gelesen oder auch nur überflogen hätte. Aber Pauls Mutter konnte die Anmeldung nicht lesen und nicht überfliegen: Die Hefte verdeckten die Zettel und ließen nur unten eine Zeile zum Unterschreiben frei.

»Wir können froh sein, dass der Kollege nicht Sport unterrichtet, sonst müsste ich womöglich noch die Schnürsenkel von euren Turnschuhen abzeichnen.«

Und dann passierte genau das, was Paul sich in der Englischstunde schon so schön ausgemalt hatte: Seine Mutter hielt viel zu wenig von Brakel-Krakel, als dass sie die Hefte auch nur eines genaueren Blickes würdigte.

»Hat er den Vokabeltest benotet?«, fragte sie noch kurz.

Paul schüttelte den Kopf. »Aber wir hatten sowieso alles richtig.«

Seine Mutter setzte ihre Unterschrift auf alle vier Blätter, wobei ihr die auf dem letzten Blatt besonders schwungvoll gelang.

»Danke!« Paul zog die Blätter und Hefte rasch weg und ertappte sich dabei, dass er das lieber nicht gesagt hätte. Schließlich bedankte er sich sonst nie, wenn seine Mutter einen Vokabeltest unterschrieb. Aber zum Glück war seine Mutter viel zu sehr mit den Gegenständen auf dem schiefen Brett und der Videokamera beschäftigt, als dass ihr das aufgefallen wäre. Paul nahm die Zettel und die Hefte und kletterte wieder aus dem Becken heraus. Er war schon fast an der Tür, als seine Mutter rief: »Warte mal, Paul! Zeig mir das doch noch mal her!«

Paul erstarrte.

Hatte er richtig gehört? Seine Mutter wollte die Zettel noch einmal sehen? Hatte sie doch Verdacht geschöpft? Was sollte er ihr bloß sagen, wenn sie sah, was sie da wirklich

unterschrieben hatte? Vor Pauls innerem Auge füllte sich die Tafel im Flur nur so mit Sechsen. Vermutlich würden seine Eltern seine Fußballschuhe vor seinen Augen mit Säure übergießen, zersägen, verbrennen und die Asche in alle Winde zerstreuen. Und was sie mit ihm selbst machen würden, das wagte er sich gar nicht auszudenken. Mit weichen Knien drehte er sich um.

»Was denn?«

»Pias Hausaufgabenheft«, sagte seine Mutter. »Das will ich mir doch noch mal genauer ansehen.«

Paul atmete auf und warf seiner Mutter das extrem unordentlich geführte Englischheft seiner Schwester zu.

# Ein schlutes Gefühl

In den nächsten Tagen fühlte Paul sich irgendwie schlut. Er war aufgekratzt und freute sich und hatte doch ein schlechtes Gewissen. Er fühlte sich gut, weil er dem Trainer endlich die Anmeldung und das Geld gegeben hatte. Und er fühlte sich zugleich schlecht, weil er die Unterschrift seiner Mutter nur mit einem Trick ergattert hatte, und dann war da noch die Sache mit den 50 Euro… Besonders wenn er daran dachte, wie er an das Geld gekommen war, fühlte er sich schlecht. Wenn er allerdings daran dachte, dass er nun endlich die sechzig Euro Mitgliedsbeitrag bezahlt hatte und ein echtes Vereinsmitglied von 1848 war, fühlte er sich wiederum gut. So fühlte er sich gleichzeitig schlecht und gut – und das ergab zusammen schlut. Und wenn Paul sich schlut fühlte, dann kribbelte es in seinem linken Fuß, seinem starken Fuß, und zugleich grummelte das schlechte Gewissen in seinem Bauch. Aber er achtete lieber auf das Kribbeln im linken Fuß als auf das Grummeln im Bauch.

Und das bedeutete: Er spielte immer besser. Der Trainer war zwar ziemlich streng, aber er meckerte nicht mehr ganz so viel an Paul herum. Und auch Jamaika und selbst Käpten Pitt meinten, dass Paul echte Fortschritte machen würde, seit er bei 1848 trainierte. Die Dribbling-Tricks aus dem Training konnte er jeden Tag mit Pia im Park ausprobieren, nachdem seine Eltern endlich das alberne Fußballverbot aufgehoben hatten und die beiden Geschwister das Kriegsbeil vorerst wieder begraben hatten. Da sah Pia mitsamt ihrem Übersteiger ziemlich alt aus.

Der einzige Haken an 1848 war, dass Paul in der Abwehr spielen musste. Und das war wirklich nicht gerade seine Lieblingsposition.

Ende des Monats lud Käpten Pitt ihn und Jamaika sogar zu seinem Geburtstag ein. Die halbe Mannschaft war da: Tori Flori, Oscar Stoppersocke und Robert aus der 6b, Taner aus der 6c und Jamaika und Paul aus der 6a. Die Wohnung, in der Pitt mit seiner Mutter und seiner kleinen Schwester Lina wohnte, war nicht gerade groß. Aber Pitts Zimmer war das eines Fußballfans: An den Wänden hingen Poster und Schals, auf dem Regal stand ein Pokal, an der Wand über seinem Schreibtisch hatte Pitt in einer schönen Reihe alle Fußballschuhe aufgehängt, aus denen er herausgewachsen war, und sogar im Glaskäfig seiner beiden Wüstenrennmäuse standen zwei Miniaturtore aus Holz.

»Spielen die Mäuse etwa auch Fußball?«, fragte Jamaika.

»Noch nicht. Aber ich will sie dressieren«, antwortete Pitt.

Paul grinste. Das sah Pitt ähnlich. Und dass die Tiere »Ronaldo« und »Messi« hießen, das wunderte ihn angesichts der beiden Mäusetore kein bisschen ...

Nach und nach gewöhnte sich Paul daran, sich schlut zu fühlen. Und je mehr er sich daran gewöhnte, desto leiser grummelte das schlechte Gewissen in seinem Bauch. So gesehen war es eine tolle Zeit. Bis Pia eines Abends zu ihm ins Zimmer geplatzt kam und sagte: »Ich werde morgen mit Pitt sprechen. Ich will auch bei 1848 zum Probetraining antreten.«

Dieser Satz traf Paul wie ein Hammer. Er starrte seine Schwester an. – Pia hatte nicht nur eine Ahnung. Pia wusste Bescheid. Das konnte doch nicht wahr sein!

»Woher weißt du ...«, flüsterte er.

Pia lachte. »Hältst du mich für blöd? Du kommst jeden Dienstag und jeden Donnerstag verschwitzt nach Hause. Und dann dieser Flaschenzug mit der Tüte in dein Zimmer. Was transportierst du wohl damit? Dein Matheheft? Außerdem spielst du in den letzten Wochen zehnmal besser. – Dass Papa und Mama das noch nicht mitgekriegt haben, liegt nur daran, dass sie keine Ahnung von Fussball haben.«

»Und?«, fragte Paul. »Wirst du mich jetzt verpetzen?«

»Nein, ich will nur mitspielen, und zwar bei 1848! Die Tricks, die du da gelernt hast, die habe ich doch in einer Woche auch drauf!«, rief Pia etwas zu laut.

Paul schüttelte nur den Kopf. »Erstens hast du die Stadtmeisterschaft auf dem Gewissen. Und zweitens nimmt 1848 eh keine Mädchen auf.«

»Pah, da lachen ja die Hühner!«, rief Pia.

»Frag Käpten Pitt!«, sagte Paul. »Mit Mädchen haben die nur schlechte Erfahrungen gemacht. Die passen einfach nicht in die Mannschaft. – Du kannst ja bei einer Mädchenmannschaft eintreten.« Paul konnte sich ein Grinsen nicht verkneifen. »Wie wär's mit dem MFC Linde?«

»Die Zicken Kickers? Das soll wohl ein blöder Witz sein!« Pia verschränkte die Arme vor der Brust. Paul sah ihr genau an, dass sie sich zusammenreißen musste, damit sie nicht seinen Papierkorb durch das halbe Zimmer kickte. Natürlich hatte er das nur so zum Spaß gesagt. Der MFC Linde wurde von allen nur die »Zicken Kickers« genannt und war ein reiner Mädchenfußballverein. Leider war er auch der schlechteste Verein der Stadt. In dieser Saison hatte die Mannschaft vom MFC Linde noch kein einziges Tor geschossen, aber schon jede Menge Gegentore kassiert.

»Sieh es endlich ein Pia: Du bist ein Mädchen. Und Mädchen spielen nun mal schlechter Fußball als Jungs.« Paul versuchte mindestens so cool zu gucken wie Käpten Pitt oder Jamaika. Aber dieser Satz brachte seine Zwillingsschwester natürlich gleich auf 180.

»Das glaubst du doch wohl selber nicht!«, schrie Pia. »Da hast du grade mal drei Tricks im Verein gelernt und schon meinst du, du bist ein Fußballstar, oder was?«

»Das hab ich nicht gesagt«, keifte Paul zurück. »Aber Mädchen machen bei 1848 einfach nicht mit. Und es ist *mein* Verein. *Ich* habe mich um alles gekümmert, *ich* habe mir Mamas Unterschrift besorgt und das Geld …« Paul stockte.

»Das Geld?« Pia sah ihn auffordernd an. »Ich weiß, woher du das Geld hast. « Und mit gefährlich leiser Stimme fügte sie hinzu: »Ich hab dich nämlich beobachtet!«

Paul begann zu schwitzen. Auch das noch! Pia hatte ihn in der Hand. Wenn sie ihn verpfeifen würde, dann …

Aber da flog die Tür zu Pauls Zimmer auf. Seine Mutter stand wutschnaubend im Türrahmen und fragte: »Was soll das Gezanke? Geht es etwa schon wieder um Fußball?«

Die Zwillinge schwiegen.

»Also doch!«

Jetzt hatte Paul mal wieder allen Grund, sauer auf Pia zu sein. Die konnte ihm einfach alles vermasseln. Wenn sie Pech hatten, kriegten sie jetzt wieder Fußballverbot, nur weil Pia so einen Aufstand gemacht hatte. Und dass sie in *seinem* Fußballverein mitspielen wollte, das war mal wieder eine typische Pia-Idee. Nur weil sie Zwillinge waren, mussten sie doch noch lange nicht alles gemeinsam machen! Paul grummelte still vor sich hin, bis er seine Mutter sagen hörte: »Lassen wir mal Fußball Fußball sein. Uns fehlt was, Papa und mir. Und es ist keine Kleinigkeit.« Sie sah von Pia zu Paul und gleich erwachte das schlechte Gewissen in Pauls Bauch. Es grummelte nicht mehr, es brüllte so laut, dass er seine Mutter kaum hören konnte, als sie fragte: »Hat einer von euch 50 Euro aus der Küchenkasse genommen?«

Paul saß schweigend auf seinem Schreibtischstuhl und schüttelte den Kopf.

Pia schnaufte schwer durch die Nase.

»Pia? Du?« Frau Meyer-Hohenstein betrachtete ihre Tochter fassungslos. »Mensch Pia, 50 Euro! Das ist eine richtig große Summe!« Sie schüttelte den Kopf. »Mädchen, Mädchen, was hast du dir dabei gedacht? Und wofür hast du so viel Geld überhaupt gebraucht?«

Pia sah mit großen Augen zu Paul. Aber der schwieg eisern und kämpfte mit seinem schlechten Gewissen. Nun war es also doch aufgefallen ... Er hatte gehofft, dass seine Eltern das Geld in der Keksdose, die im obersten Regalfach in der Küche stand, längst vergessen hätten.

»Sag was, Paul«, flüsterte Pia ihm zu.

»Wie? Wart ihr es etwa beide?« Ihre Mutter sah von Pia zu Paul.

Paul schwieg.

»Sag was Paul, sonst sag ich's.«

Paul schloss die Augen. Er konnte nichts sagen. Er konnte vor lauter Scham nur dasitzen, den Kopf hängen lassen und mit geschlossenen Augen zuhören, wie sein Bauch brüllte.

Und dann erzählte Pia die ganze Wahrheit: dass Paul heimlich in einen Fußballverein eingetreten und das Geld genommen hatte, um den Jahresbeitrag zu bezahlen.

Pauls Mutter hörte sich das alles an und schwieg einen Moment. Dann fragte sie empört: »Stimmt das, was Pia da erzählt, Paul?«

Paul nickte.

»Sieh mich an, Paul!« Sie bückte sich zum ihm herunter und sah ihm fest in die Augen. »Sieh mich an und sag mir, ob es stimmt, dass du deine Eltern bestiehlst und belügst, um in einen«, sie schüttelte sich kurz, ehe sie das verhasste Wort aussprach, »Fußballverein einzutreten.« Sie sagte »Fußballverein« mit demselben Ekel, mit dem normale Menschen Wörter wie »Krötenschleim«, »Hundescheiße« oder »Griespudding« sagen.

Und Paul antwortete mit zitternder Stimme: »Ja.«

# Schlechte Nachrichten

Schlechte Nachrichten, Paul.« Jamaika parkte sein Rad am Zaun und sprang wie immer über das geschlossene Gartentor.

»Kein Problem. Immer her damit«, murmelte Paul. »Von schlechten Nachrichten kann ich gerade nicht genug bekommen.« Er schlug die Harke in die Erde neben dem Löwenzahn, stach mit der Schaufel hinterher und versuchte ein möglichst großes Stück der tief sitzenden Wurzel herauszuzerren.

Auf eine schlechte Nachricht mehr oder weniger kam es jetzt wirklich nicht mehr an: Seine Eltern hatten ihm den Fußballverein natürlich sofort verboten. Und »Standpauke« war gar kein Ausdruck für das gewesen, was er über sich hatte ergehen lassen müssen: Es war ein regelrechtes Standgewitter gewesen. Seine Eltern waren tief enttäuscht von ihm, redeten vom Vertrauen, das sie verloren hätten, wegen der erschlichenen Unterschrift. Und das Geld, das er geklaut hatte, musste er sich durch Arbeiten in Haus und Garten selbst verdienen: Deshalb hatte er in den letzten Tagen schon das Auto von innen gesaugt, Fenster geputzt und die Kellertreppe gefegt. Inzwischen war er im Garten angekommen und jätete Unkraut. Dabei hatte er gar nichts gegen Löwenzahn auf dem Rasen und Moos zwischen den Steinplatten. Aber es war ihm egal: Er rupfte einfach alles raus, von dem seine Eltern meinten, dass es rausgerupft werden musste. Obendrein durfte er sich mit Pia nicht mehr bei Tisch über Fußball unterhalten, weil es sonst ja doch nur Streit gab. Das war der Teil der Strafe, der Paul am allerwenigsten ausmachte, denn mit seiner Schwester sprach er inzwischen sowieso kein Wort mehr. Schließlich hatte sie ihn verraten. Und dafür würde sie büßen bis zum Sanktnimmerleinstag. So viel stand für Paul fest, er wusste nur noch nicht genau wie. Obendrein hatte er auch noch ein wirklich schlechtes Gewissen, schließlich hatte er seine Eltern belogen und beklaut, und dass das überhaupt gar nicht in Ordnung war, das hatte er eigentlich auch schon vorher gewusst. Nein, auf eine schlechte Nachricht mehr oder weniger kam es an diesem Dienstagnachmittag wirklich nicht mehr an.

»Der Trainer lässt dir ausrichten, dass du wegbleiben kannst, wenn du noch ein einziges Mal unentschuldigt fehlst.« Jamaika hockte sich neben Paul auf den Weg aus Steinplatten.

Paul zog am nächsten Löwenzahn, der sich ins Rosenbeet verirrt hatte. Die Wurzel brach ab und Paul warf die Blätter auf den Weg. Das war allerdings eine schlechte Nachricht, eine verflixt schlechte Nachricht.

»Und auch Käpten Pitt hat gefragt, wo du bleibst«, fügte Jamaika etwas leiser hinzu.

Paul seufzte und erblickte einen schmalen Moosstreifen, der sich zwischen den Ritzen der Steinplatten breitmachte, die zum Haus führten. Das konnte dem Moos so passen. Gleich kratzte er mit der Harke daran herum. Ausgerechnet Käpten Pitt musste er enttäuschen. Paul hatte gehofft, dass sie Freunde werden würden. Aber wie sollte er Pitts Freund werden, wenn er noch nicht mal bei 1848 mitkicken durfte?

»Paul, du musst es ihnen sagen.« Jamaikas Löwenmähne wurde von der Sonne angestrahlt und schien regelrecht zu glühen.

»Was soll ich ihnen sagen?«, fragte Paul lustlos.

»Alles. Du musst aufhören zu lügen. Vielleicht fällt Pitt ja was ein, was man da machen kann.«

Klar, dachte Paul bitter. Wir könnten meinen Eltern kündigen und das Kündigungsschreiben sah er schon vor seinem inneren Auge.

**Kündigung**

Sehr geehrte Mama, sehr geehrter Papa,
hiermit kündige ich euch die Sohnschaft. Ihr habt das Sorgerecht für mich nicht mehr. Ab sofort kümmern sich Käpten Pitt und Volker, der Trainer von 1848, um mich.
Mit freundlichen Grüßen
Euer Ex-Sohn

*Paul*

PS: Pia könnt ihr behalten.

Das wäre eine Lösung. Aber es war natürlich Blödsinn. Seine Eltern konnte man sich eben nicht aussuchen, man musste irgendwie mit ihnen klarkommen. Paul kratzte mit der Harke über die Steinplatten. Pech für das Moos.

»Hör doch mal mit dem Geharke auf, das macht mich völlig kirre.« Jamaika hielt Pauls Arm fest. »Am Besten gehn wir jetzt sofort zu Pitt. Er ist schon zu Hause, der muss nämlich auf seine Schwester aufpassen.«

Paul schüttelte den Kopf. »Muss harken. Das ganze Moos muss bis zum Abendessen weg sein.« Und mit seinen Eltern wollte sich Paul lieber nicht mehr anlegen.

Jamaika seufzte. »Und wenn ich das Moos wegharke und du zu Pitt gehst?«

Paul schüttelte nur stumm den Kopf. Das kam überhaupt nicht infrage. Jamaika war der Letzte, der seine Strafe übernehmen sollte. Und was sollte Pitt schon gegen seine Eltern ausrichten? Pauls Mutter war ja sogar Pitts Mathelehrerin. Wenn er sich mit der streiten würde, dann hatte er vermutlich sogar in der Schule darunter zu leiden.

»Ich kann das Moos ja für dich harken«, kam da plötzlich Pias Stimme von hinten. Paul drehte sich langsam um. Meinte sie das wirklich ernst? »Ich hab's ja auch ein bisschen mitvermasselt. Also kann ich dir auch ein bisschen was von der Strafe abnehmen.«

»Super, Pia! Danke!« Jamaika sprang auf. »Also los, worauf warten wir noch?«

Paul stand auf und drückte Pia die Harke in die Hand. Aber ein »Danke«, das brachte er irgendwie nicht über die Lippen.

Peter Baumeister sagte lange nichts. Er saß am Küchentisch und schmierte seiner Schwester Lina ein Leberwurstbrot. Lina war behindert. Das war Paul schon beim Geburtstag von Pitt aufgefallen: Sie war zwar schon fünf, konnte aber noch nicht richtig sprechen, guckte manchmal so komisch und hatte irgendwie Schlitzaugen. Paul wusste nicht genau, wie er mit Lina umgehen sollte: Konnte er einfach so mit ihr reden wie mit anderen Kindern auch? Und was hatte sie eigentlich? Aber im Augenblick war ihm Lina ziemlich egal. Das Schweigen von Pitt machte ihm wesentlich mehr zu schaffen.

Lina hingegen schien es ganz recht zu sein, dass Pitt die Klappe hielt. Denn dann konnte sie ihre Klappe aufmachen. »Auch Brot?! Du und du?« Sie zeigte auf Jamaika und Paul. »Alle kriegen Lebewurst!« Sie klatschte in ihre Patschhändchen und strahlte die drei Jungs an, die um den Küchentisch saßen, und rief begeistert: »Lebewurst, Lebewurst! Alle Männers ham Lebewurst!«

»Lina, mach mal halbe Lautstärke, bitte«, ermahnte Pitt seine Schwester und schob ihr den Teller mit dem Leberwurstbrot hin. Dann wandte er sich Paul zu. »Du hast mich angelogen. Und ich dachte, dass ich dir vertrauen kann.«

Lina biss einmal von ihrem Brot ab. Dann streckte sie das angebissene Brot rüber zu Paul und fragte schmatzend:

»Beißen?« Sie rieb sich mit der freien, irgendwie schon mit Leberwurst verschmierten Hand über den Bauch und machte: »Hmmm, lecker!«

Paul konnte nicht anders, als zu grinsen. Ihm war zwar nicht zum Lachen, sondern eher zum Heulen zumute, aber wie die kleine Lina ihm da das Leberwurstbrot anpries und es dann doch lieber selbst verputzte, das war, Fußball hin, Fußball her, einfach zum Quietschen.

»Du kennst eben Pauls Eltern nicht«, sagte Jamaika.

Pitt lachte trocken. »Seine Mutter habe ich jeden zweiten Tag in Mathe, falls du das vergessen hast.«

»Ja, aber zu Hause sind die …«

»Lass gut sein, Jamaika«, unterbrach Paul seinen besten Freund. Pitt gegenüber wollte er sich selbst verteidigen. »Pitt hat ja recht. Ich hab dich angelogen, als ich gesagt habe, dass meine Eltern einverstanden sind. Und das war nicht okay und dafür entschuldige ich mich. Aber es tut mir nicht leid, dass ich mit euch trainiert habe. Denn das war wirklich super.« Paul stand auf. »Wie auch immer: Schmeißt mich einfach aus dem Verein raus. Ich kann ja doch nichts machen: Meine Eltern werden mir das niemals erlauben. Ich kann froh sein, wenn ich eines Tages wieder im Park und auf dem Schulhof kicken oder wenigstens vom Fußball träumen darf.« Er sah zu Jamaika. »Komm, lass uns abhauen.«

»Angenommst!«, posaunte Lina dazwischen. »Tschulligung angenommst!« Sie stellte sich auf die Bank und streckte ihre inzwischen kolossal mit Leberwurst verschmierte Hand Paul entgegen.

Der sah etwas unsicher zu Pitt. Aber der Käpten zuckte nur mit den Schultern und sagte: »Du hast gehört, was Lina gesagt hat: Sie nimmt deine Entschuldigung an.«

Das Mädchen sah zu ihm herüber. Paul zögerte. Aber dann ergriff er doch die kleine Hand. Es war ja nur Leberwurst. Und Lina war sichtlich zufrieden. Sie setzte sich wieder auf ihre Bank und wollte sofort noch ein Leberwurstbrot haben.

»Ich nehme deine Entschuldigung auch an. Wenn du mir versprichst, dass du mich nie wieder anlügst«, sagte Pitt.

»Versprochen«, murmelte Paul und atmete innerlich auf. »Und diesmal halte ich mein Versprechen.«

»Vielleicht fällt mir doch noch was ein«, sagte Pitt. »Aus dem Verein schmeißen wir dich jedenfalls erst mal nicht.« Paul war sich nicht ganz sicher, ob es ein Lächeln war, das da über Pitts Gesicht huschte. »Sonst würden wir ja auch deinen linken Fuß rausschmeißen und den können wir gegen den BVN gut gebrauchen.« Pitt schmierte seiner kleinen Schwester ein zweites Leberwurstbrot. »Ich kann mal den Trainer fragen. Vielleicht kann er ja mit deinen Eltern sprechen.«

Paul schüttelte den Kopf. Was auch immer dem Trainer einfiel, er glaubte nicht, dass er seine Eltern vom Fußballverein überzeugen konnte. Ausgeschlossen.

Aber Jamaika meinte. »Warum nicht? Er kann doch mal sein Glück versuchen!«

# Ein Wunder mit Haken

»Psssst!« Paul presste sein Ohr ans Schlüsselloch der Wohnzimmertür.

»Lass mich auch mal!«, flüsterte Pia und versuchte ihn wegzudrängeln.

Aber Paul hielt dem Druck stand und lauschte. Und was er da hörte, konnte er kaum glauben.

»Ach, ihr kennt euch?«, fragte Pauls Vater.

»Ja, doch, ich erinnere mich gut an Sie. Volker Dietmar Nolz. ›Bolz-Nolz‹ haben Ihre Mitschüler Sie immer genannt, oder?«, sagte Pauls Mutter.

»Das ist lange her, aber ja, so war mein Spitzname«, sagte der Trainer von 1848.

»Und nun ist also ein Fußballprofi aus Ihnen geworden? Obwohl Sie so ein ausgezeichnetes Abitur gemacht haben?« Die Enttäuschung in der Stimme seiner Mutter entging Paul nicht. Dabei war das völliger Quatsch. Volker Nolz, der Trainer von 1848, arbeitete in irgendeinem Büro. Das Fußballtraining machte er ehrenamtlich in seiner Freizeit und bekam dafür keinen Cent vom Verein. Von einem Profifußballer konnte also wirklich keine Rede sein.

Ehe Paul die Antwort von Volker hören konnte, drängelte ihn Pia beiseite. »Jetzt lass mich mal!«

»Mensch Pia, da drin geht es um *mich*!«, knurrte Paul und versuchte seine Schwester vom Schlüsselloch wegzuschubsen. Dämlicherweise schaffte er es nur fast und Pia flog polternd vor die Tür. Die Geschwister hielten eine Schrecksekunde inne. Da hörten sie auch schon ihren Vater ziemlich laut aus dem Wohnzimmer sagen: »Ich glaube, ich sehe mal nach, ob unsere lieben Kleinen in den Federn sind!«

Blitzschnell rannten Pia und Paul rauf in ihre Zimmer und sprangen in die Betten.

Am nächsten Morgen war es geschehen: das Wunder. Volker Nolz, der Trainer von 1848 und ehemalige Musterschüler von Renate Meyer-Hohenstein, hatte es tatsächlich geschafft, die zwei größten Fußballhasser der Stadt davon zu überzeugen, dass Paul weiter bei 1848 trainieren durfte. Paul jubelte vor Freude! Das war unglaublich. Ein echtes Wunder. Leider war es ein Wunder mit einem Haken.

Und dieser Haken hieß ›Pia‹.

»Nach allem, was vorgefallen ist, sollten wir dir die Mitgliedschaft in diesem Verein eigentlich nicht erlauben«, sagte Pauls Vater beim Frühstück. »Aber Herr Nolz hat uns davon überzeugt, dass du noch eine Chance verdient hast. Deine Strafe musst du natürlich trotzdem verbüßen, das ist dir hoffentlich klar!«

Paul nickte. Er war so froh, dass er freiwillig sogar das ganze Haus abgerissen und wieder aufgebaut hätte, wenn seine Eltern ihm dafür nur erlaubt hätten, dass er bei 1848 mitkickte.

»Genauso klar ist dir hoffentlich, dass wir nicht nur dir das Fußballspielen im Verein erlauben.« Jürgen Meyer-Hohenstein nahm ein Schlückchen aus seiner Kaffeetasse. »Pia darf auch mit.«

Pia grinste. Paul schmollte.

»Herr Nolz hat uns versprochen, dass er sie genauso behandeln wird wie euch Jungs. Sie bekommt ihre Chance in einem Probetraining«, sagte Pauls Mutter. Und damit war das Thema für die beiden erledigt. Die Mutter trank ihren Tee aus, warf einen Blick auf die Uhr, küsste ihren Mann und holte ihre Schultasche. »Wir sehen uns in der Pause. Ich habe Aufsicht«, sagte sie zu Paul und Pia und verschwand schon mal in Richtung Schule.

Auch ihr Vater erhob sich. »Ich muss noch mal runter ins Labor.«

Paul sah über den vollgekrümelten und abgegrasten Frühstückstisch hinüber zu Pia. Die saß mit einem strahlenden Lächeln auf ihrem Platz und sagte: »Sieht ganz so aus, als würden wir mal wieder zusammen spielen, Paulchen.«

»Nenn mich nicht Paulchen!«, knurrte Paul. »Und außerdem hast du das Probetraining noch nicht bestanden.«

Pia lachte. »Ach was, das bestehe ich mit links!«

Abwarten, dachte Paul.

Pia sollte recht behalten: Sie bestand das Probetraining zwar nicht mit links, sondern mit einigem Gemecker von Volker, aber sie wurde in den Verein aufgenommen. Seit drei Jahren hatte 1848 keine Mädchen mehr aufgenommen. Nun kam

Pia. Und das passte Paul irgendwie überhaupt nicht. Es war einfach nicht dasselbe, ob er mit oder ohne seine Schwester aufkreuzte. Tori Flori zum Beispiel war immer witzig und frech gewesen. Seit Pia mittrainierte, war er irgendwie schweigsam geworden. Und er verzieh Pia einfach jeden Fehler. Er motzte noch nicht mal, als sie nach dem Training ihr Piranha-Fahrrad mit seinem verwechselte und mit ihrem Schlüssel in seinem Schloss herumbohrte. Auch Oscar Stoppersocke benahm sich nicht mehr normal: Er wollte Pia unbedingt ein paar Tricks zeigen und schien regelrecht in Pauls Schwester verknallt zu sein. Pauls einziger Trost war, dass Tori Flori und Oscar die einzigen Jungs waren, die zu Pia hielten. Alle anderen waren mehr oder weniger gegen sie. Am lautesten beschwerte sich Käpten Pitt beim Trainer. Er stürmte, gefolgt von Paul, in die Kabine des Trainers und schimpfte gleich los: »Ich dachte, das Thema Mädchen bei 1848 wäre nach dieser Clarissa ein für alle Mal erledigt?!«

Der Trainer schüttelte den Kopf. »Jetzt mal immer mit der Ruhe, Pitt. Erstens ist Pia nicht Clarissa. Zweitens können wir Verstärkung in der Abwehr gebrauchen. Und drittens …«

»Aber sie ist eine Katastrophe in der Abwehr!«, rief Paul dazwischen.

Aber Volker ließ sich nicht unterbrechen: »Und drittens – ohne Pia auch kein Paul! Ich dachte, das hätten deine Eltern mit dir geklärt, Paul?«

Paul schwieg. Was hieß da »geklärt«? Sie hatten es so angeordnet. Aber Paul hatte insgeheim die ganze Zeit darauf gehofft, dass Volker *doch* keine Mädchen in der Mannschaft haben wollte oder dass Pia beim Probetraining durchfiel!

»Und jetzt macht, dass ihr nach Hause kommt, Jungs. Pia hat Ballgefühl, sie ist schnell, sie trickst nur zu viel rum und macht manchmal zu viel alleine, aber das werden wir ihr schon noch austreiben.«

Glaub ich nicht, dachte Paul. Spätestens am Samstag, beim Spiel gegen Düdelsdorf, würde Pia doch wieder ihre Tricks auspacken, um die Zuschauer und alle Jungs auf dem Rasen zu beeindrucken. Und sie würde das Spiel versauen. So, wie sie es einfach immer machte.

»Nichts gegen deine Schwester, aber sie gehört nicht in diesen Verein«, murmelte Käpten Pitt, als sie das Vereinsgebäude verließen.

Paul nickte. Irgendwie mussten sie Pia wieder loswerden. Je früher desto besser.

# Düdelsdorf

Pia musste. Natürlich. Schließlich war Samstag, es war halb drei, und um halb vier begann das Spiel. Sie sollten raus nach Düdelsdorf radeln, waren mit Jamaika in der Leibnizallee verabredet und sowieso schon spät dran. Aber Pia musste.

»Ich geh schon mal vor!«, rief Paul durch die geschlossene Klotür.

»Warte, ich kenn den Weg doch nicht!«, rief Pia zurück, aber Paul schulterte seinen Rucksack mit den Fußballschuhen und der Wasserflasche und lief hinunter ins Erdgeschoss. Er hatte keine Lust mehr, sich für Pias schwache Blase abzuhetzen.

»Ich bin weg, Mama!«, rief er in Richtung Keller.

»Gruß an Volker Nolz!«, tönte es von dort aus zurück.

Der Trainer schien es seiner Mutter wirklich angetan zu haben. Paul marschierte aus dem Haus, holte sein Rad aus dem Schuppen und schob es über den inzwischen vollständig von Moos befreiten Steinplattenweg zum Gartentor. Pias Piranha-Rad lehnte am Gartenzaun. Sie war anscheinend mal wieder zu faul gewesen, es in den Schuppen zu schieben. Die Nachmittagssonne wärmte den Birkenweg und Pauls Schultern, und er fühlte sich frei wie ein Vogel, als er ohne seine Schwester Richtung Leibnizallee radelte. Er atmete tief durch und trat kräftig in die Pedalen. Die Düdelsdorfer waren ein mittelmäßiger Gegner: Siebter in der Tabelle, ziemlich stark in der Verteidigung, aber chaotisch im Mittelfeld und schwach im Sturm. Das hatte zumindest Käpten Pitt gesagt. Trotzdem durfte 1848 die Düdelsdorfer nicht unterschätzen, denn am letzten Wochenende hatte diese Mannschaft gegen den BVN gespielt und gewonnen. Mit 1:2 hatten die Düdelsdorfer den Tabellenführer bezwungen. Da war es schon eine Frage der Ehre, dass 1848 mindestens 2:1 gegen Düdelsdorf gewinnen musste. Und obendrein hatte Paul schon ausgerechnet, dass 1848 auf den dritten Tabellenplatz vorrücken könnte, wenn Blau-Weiß das Spiel gegen den BVN verlieren und sie gegen die Düdelsdorfer gewinnen würden.

»Da bist du ja endlich! Wo ist Pia?« Jamaika stand schon vor dem Haus, in dem sein Vater wohnte, und warf einen ungeduldigen Blick auf die Uhr.

»Pia kommt nach, falls sie den Weg findet«, erwiderte Paul. »Ich bin die ewige Warterei leid!«

Jamaika schwang sich auf sein uraltes Klapperfahrrad. »Habt ihr etwa schon wieder Streit?«

Was hieß denn da »schon wieder«?, fragte sich Paul. Sie hatten »immer noch« Streit. Eigentlich hatten sie schon seit dem von Pia verpatzten Endspiel der Stadtmeisterschaften Streit. Aber daran wollte er jetzt lieber nicht denken. »Kennst du die neue Aufstellung vom Trainer?«

Die beiden fuhren die Leibnizalle hinunter.

»Nein, ich habe keine Ahnung. Aber Käpten Pitt hat gesagt, dass sich was geändert hat.«

Paul nickte. Im letzten Training hatte Volker Nolz schon damit angefangen, die ganze Mannschaft durcheinanderzuwürfeln. Plötzlich sollte jeder auf einer anderen Position spielen: Oscar Stoppersocke war auf einmal Stürmer, Robert und Käpten Pitt standen in der Abwehr, und Jamaika hatte richtig Pech: Er war statt Tori Flori im Tor gelandet. Falls der Trainer auf die Schnappsidee gekommen war, in dieser Schwachsinnsaufstellung gegen die Düdelsdorfer anzutreten, dann konnten sie gleich einpacken. Sie düsten den Feldweg entlang, der Richtung Düdelsdorf führte und an dem der Sportplatz des Fußballklubs lag.

Die anderen waren schon auf dem Aschenplatz. Auf der rechten Seite liefen sich die Düdelsdorfer warm, am linken Tor hatten sich die Jungs von 1848 versammelt.

»Gerade noch rechtzeitig!« Volker warf einen strengen Blick auf seine Armbanduhr. »Wo ist Pia?«

Paul zuckte mit den Schultern. »Die kommt nach.«

»Da hoffe ich aber für sie, dass sie in zwei Minuten hier

ist«, knurrte der Trainer, während Paul und Jamaika ihre Rucksäcke an den Spielfeldrand zu den Sachen der anderen Jungs legten und die Fußballschuhe anzogen.

»Wenn Volker eins hasst, dann Unpünktlichkeit«, raunte Käpten Pitt Paul zur Begrüßung zu. »Er hat sogar schon mal einen Spieler aus dem Verein geschmissen, weil der immer zu spät zum Training kam.«

»Wir sind doch pünktlich!«, sagte Jamaika.

»Ich sag's ja nur«, murmelte Käpten Pitt.

Paul streifte schnell die Fußballschuhe über. Was war denn Pitt über die Leber gelaufen, dass der so knurrig zum Spiel kam? Auch Tori Flori sah nicht gerade glücklich aus. Der Torwart hockte am Spielfeldrand und ließ den Kopf hängen. »Haben wir irgendwas verpasst?«, fragte Paul seinen Freund Jamaika.

Aber da rief Volker sie schon zu sich, damit sie mit dem Aufwärmen anfangen konnten. Von Pia fehlte noch jede Spur. Sie trabten um den Platz, und Paul fragte sich, ob er vielleicht doch ein bisschen zu unfair seiner Schwester gegenüber gewesen war. Die fünf Minuten hätte er ja schon noch auf sie warten können. Andererseits hatte er keine Lust, sich nur wegen Pia vom Trainer anmotzen zu lassen.

Und dann kam Pia. Aber mit einer Viertelstunde Verspätung und mit ziemlich schlechter Laune. Obendrein wurde sie auch noch von Volker in die Mangel genommen. »Pia, das geht nicht. Wer bei 1848 mitmachen will, muss zuverlässig sein. Und das heißt: Pünktlich zum Training und zum Spiel!«

»Aber Paul hat ...«, verteidigte sich Pia.

»Ist mir egal, wer Schuld ist. Und eure Streiterei geht mich sowieso nichts an. Regelt das unter euch! Aber bitte vor oder nach dem Spiel. Und jetzt lauf dich warm! Du sitzt zwar erst mal auf der Bank, aber man kann ja nie wissen.« Volker wollte sie schon gehen lassen, dann fügte er aber noch hinzu: »Nur damit wir uns richtig verstehen, Pia: Wer drei Mal zu spät zum Spiel oder Training kommt, der fliegt raus. Verstanden?«

Pia schien kräftig zu schlucken. Dann nickte sie und marschierte direkt auf Paul zu. »Tu das nie wieder, wenn dir dein Leben lieb ist!«, zischte sie und warf ihren Rucksack zu den anderen.

Doch Pia hatte Paul bereits auf eine wunderbare Idee gebracht: Wenn sie noch zwei Mal zu spät zu einem Spiel oder zum Training kommen würde, dann, ja dann ...

»Alle mal her zu mir!« Volkers Ruf riss Paul aus seinen finsteren Plänen. Die E-Jugend von 1848 versammelte sich um ihren Trainer. »Ich habe euch ja angekündigt, dass ich eine neue Aufstellung ausprobieren werde, und die sieht folgendermaßen aus: Jamaika geht statt Pitt als Sturmspitze nach vorn. Dahinter im Mittelfeld Pitt rechts und Paul links.«

Paul hätte jubeln können! Er spielte nicht mehr in der blöden Abwehr, sondern im Mittelfeld! Endlich im Mittelfeld, links außen! Und das auch noch zusammen mit Käpten Pitt. Er warf einen Blick hinüber zum Kapitän der Mannschaft, aber der schien nicht gerade begeistert zu sein, dass er seine Lieblingsposition als Mittelstürmer aufgeben sollte. Und auch Robert, auf dessen Position Paul jetzt spielen sollte, legte die Stirn in Falten.

»Robert spielt Abwehr links außen, Oscar wie immer in der Mitte und Taner wie gewohnt hinten rechts«, sagte der Trainer.

»Und Pia geht ins Tor«, knurrte Robert ziemlich säuerlich.

Die meisten Jungs lachten. Volker sah Robert an. »Hast du was zu sagen, Robert? Dann sag es laut und deutlich!«

Robert schwieg.

»Tori Flori ist im Tor, Pia bleibt erst mal auf der Bank. Wir probieren diese Aufstellung aus. Wenn sie nicht klappt, gebe ich euch Zeichen. Dann können Paul und Robert und Jamaika und Pitt tauschen. Noch eins: Jeder muss auf seiner Position alles geben. Sonst wird es uns so ergehen wie den Jungs vom BVN letzte Woche. – Und Jamaika, wenn du durch deine Tricks im Strafraum ein Tor vermasselst ...« Volker machte eine Pause, sah Jamaika streng an und sagte: »... dann spielt Pia an deiner Stelle.«

Ein Raunen ging durch die Mannschaft. Das war eine knallharte Drohung. Und Paul zweifelte keine Sekunde daran, dass Volker sie wahr machen würde, wenn Jamaika wirklich anfangen sollte, im falschen Moment das Falsche zu tun.

»Und wenn ich mit meiner Trickserei ein Tor schieße?«, fragte Jamaika frech zurück.

Volker grinste. »Tor ist Tor. Wie du das Ding reinschraubst, ist mir egal – solange du fair bleibst.« Der Trainer klatschte zweimal. »Okay, genug gequatscht. Passt euch noch ein paar Bälle zu, gleich ist Anpfiff! Und denkt dran: Nicht am Ball kleben, Jungs, und sucht immer den freien Raum!«

Zumindest in der ersten Halbzeit schienen die Düdelsdorfer kein unschlagbarer Gegner zu sein. Zwei der Abwehrspieler waren recht klein, nur der in der Mitte war ein ziemlicher Klotz. Die beiden Mittelfeldspieler verirrten sich meist mit in die Abwehr, sodass Paul, Jamaika und Pitt meist fünf Spieler gegen sich hatten. Dafür aber war im Mittelfeld jede Menge Platz. Von hier aus probierten Pitt und Paul die Fünfer-Abwehr zu knacken. Und das lief wie am Schnürchen: Erst schlugen sie lange Pässe auf Jamaika, der im Gewusel aus Leuten immer irgendwie an den Ball kam und, ohne zu zögern, aufs Tor schoss. Leider war der Torwart der Düdelsdorfer ziemlich gut und hielt die ersten drei Schüsse.

Dann rief der Trainer Paul zu sich an den Seitenrand und sagte: »Zieht das Spiel mehr auseinander: Lauf du weit allein, lock möglicht viele Spieler zu dir, und spiel dann auf Pitt ab.«

Paul rannte zurück aufs Feld, wo Oscar Stoppersocke gerade dem Stürmer den Ball abnahm und ihn lässig rüber zu Pitt passte. Pitt lief bis weit in die Hälfte der Düdelsdorfer, ehe sich der Lockenkopf mit der Nummer fünf und der strohblonde Junge mit der Nummer sieben auf ihn stürzten. Pitt dribbelte einen der beiden aus und flankte dann rüber zu Paul. Und Paul marschierte einfach vor. Er rannte so schnell auf das Tor zu, dass die Düdelsdorfer denken mussten, dass er es allein probieren wollte.

Und auch Volker rief vom Rand: »Geh, Paul! Geh, geh, geh!«

Plötzlich waren sie alle da: Die zwei kleinen Abwehrspieler rannten ihm entgegen, der breitere blieb etwas weiter im Hintergrund und deckte Jamaika. Paul warf einen Blick nach rechts. Pitt stand mit ihm auf gleicher Höhe, vor ihm war alles frei, doch die beiden Mittelfeldspieler kamen nun auch noch zu ihm herübergerannt. Paul täuschte an, dass er links an den beiden Abwehrspielern vorbeidribbeln wollte, schob den Ball dann aber doch noch auf den rechten Fuß, flankte locker aus dem Fußgelenk in den freien Raum vor Pitt und rannte weiter Richtung Strafraum.

»Hierher, Pitt! Huhu! Hierher!«, schrie Paul, obwohl er genau wusste, dass Pitt es entweder selbst probieren oder an Jamaika abgeben würde. Aber sein Geschrei galt gar nicht Pitt, sondern dem dicken Abwehrspieler, der nun nicht mehr wusste, ob er weiter Jamaika bewachen oder doch lieber Paul decken oder den torgefährlichen Käpten Pitt angreifen sollte. Der arme Kerl stand ziemlich verwirrt direkt vor dem Torwart herum. Und dieser Torwart rief: »Simon! Ich

seh nichts!« Pitt täuschte einen Torschuss an, der Abwehrspieler namens Simon sprang hoch, um diesen Schuss zu blocken, aber im letzten Moment gab Pitt doch noch rechts auf Jamaika ab. Der gehorchte dem Trainer, nahm den Ball kurz mit der Brust an und donnerte aus der Drehung direkt aufs Tor. Paul sah den Ball wie in Zeitlupe auf das linke obere Eck zusausen. Der Torwart sprang viel zu spät hoch und hatte keine Chance: Die Kugel sauste wie von einer Kanone geschossen ins Tor. 0:1!

Jamaika rannte direkt zu Pitt, um sich zu bedanken, und auch Paul war sofort bei ihnen.

»Spitzenmäßig, Pitt!«, rief Jamaika.

»Nach der Vorarbeit!« Endlich grinste Pitt wieder. Er schlug Paul auf die Schulter. »Super gemacht, Paul. Wirklich super gemacht.«

Und sogar der strenge Volker stand am Rand des Spielfelds und klatschte anerkennend.

Dieses Tor brachte Schwung ins Spiel. Bis zur Pause traf Jamaika noch einmal, und auch Pitt holte einen Treffer mit einem seiner Distanzschüsse, die der Torwart aus Düdelsdorf anscheinend noch nicht kannte.

Mit drei Toren Vorsprung sah die zweite Halbzeit natürlich wie der reinste Spaziergang aus. Aber das war ein Irrtum. Denn von jetzt auf gleich lief auf einmal nichts mehr. Alles begann damit, dass die Jungs vom BVN plötzlich auf dem Sportplatz auftauchten. Sascha und seine Leute machten sich am Spielfeldrand breit, feuerten die Düdelsdorfer an und pfiffen 1848 aus. Und das zeigte Wirkung: Die Düdelsdorfer trauten sich immer weiter raus, gewannen plötzlich auch Zweikämpfe, während bei 1848 kein einziger Pass mehr ankam. Und dann stand der Stürmer von Düdelsdorf tatsächlich im Strafraum, hatte Oscar Stoppersocke stehen gelassen und schoss. Tori Flori musste sich kräftig strecken, aber zum Glück konnte er den Ball noch mit den Fingerspitzen ins Aus lenken. Dämlicherweise verknackste er sich dabei den linken Daumen.

»Abhacken, abhacken!«, riefen Sascha und seine Jungs vom Seitenaus, als sie mitkriegt hatten, dass Tori Flori sich verletzt hatte.

Volker schickte ihn gleich ins Vereinshaus, damit er seinen Daumen möglichst lange unter kaltes Wasser halten konnte. Aber der Schiedsrichter wollte weiterspielen lassen.

»Pia, warst du schon mal im Tor?«, fragte der Trainer Pauls Schwester.

Paul hätte heulen können. In der Abwehr war Pia schon schlecht. Aber im Tor, da war sie die absolute Katastrophe. Mit Pia im Tor würden die Düdelsdorfer diese 0:3-Niederlage noch in einen 6:3-Sieg umwandeln. Aber zum Glück war Pia ehrlich: »Im Tor bin ich eine Null«, gab sie offen zu.

»Gut, dann geht Oscar ins Tor, Robert in die Mitte der Abwehr. Pia, du spielst vor der Abwehr im Mittelfeld, auf Pauls Position links, aber komm immer schön mit zurück. Paul, du gehst zurück auf deine alte Position, Abwehr links außen.«

Paul traute seinen Ohren kaum. Hatte er nicht ganz hervorragend gespielt im Mittelfeld? Hatte er nicht zwei der drei Tore ermöglicht? Warum wurde er jetzt dafür bestraft und musste in die blöde Abwehr zurück? Und warum wurde

Pia für ihr Zuspätkommen und Auf-dem-Klo-Rumsitzen belohnt und durfte ins Mittelfeld? Aber er wusste, dass Volker während des Spiels keine Diskussionen duldete, und trottete folgsam nach hinten.

»Hallo Partner, so schnell kann's gehen«, raunte ihm Robert zu.

»Hauptsache, sie ist nicht im Tor.« Paul musste sich an seine neue, alte Position erst wieder gewöhnen. Von hier hinten sah das Spielfeld viel größer aus. Und die Düdelsdorfer waren eben doch nicht ganz so schlecht, wie es in der ersten Halbzeit den Anschein gehabt hatte.

»Leute, bringt mir das 3:0 sicher nach Hause!«, rief Volker vom Rand aus, als die Düdelsdorfer auf die neue Abwehr zustürmten.

»Düdel-Düdel-Düdelsdorf!«, sangen die Idioten vom BVN. Es war wie eine Wand, die da auf die Abwehr zugerollt kam. Aber zum Glück passte Robert auf: Er grätschte in einen etwas zu locker gespielten Pass und schob den Ball zur Seite. Paul war sofort zur Stelle. Er wollte den Ball gleich an Käpten Pitt abgeben, aber der wurde prompt gedeckt.

»Hierher!«, rief Pia, die frei stand.

Aber Paul dachte gar nicht dran, seiner dämlichen Schwester auch noch den Ball abzugeben. Dazu hatte er absolut keine Lust. Er lief etwas ratlos nach vorn, wartete, ob Pitt oder Jamaika sich noch freilaufen würden, und schoss, als Robert rief: »Vorsicht, Hintermann!«, möglichst weit nach vorn, Richtung Jamaika. Allerdings kriegte der Ball einen Drall nach links und flog ins Aus.

»Paul! Komm her!«, schrie Volker von der Seite, und Paul rannte zu ihm hin. »Mach das nicht noch einmal, verstanden! Pia stand völlig frei und du hast sie gesehen! Sie gehört zur Mannschaft. Macht eure Streitereien nicht auf dem Platz aus!«

Paul rannte schnell zurück auf seine Position, denn die Düdelsdorfer hatten den Einwurf bereits ausgeführt. Allerdings kamen sie nicht an Pia vorbei. Pauls Schwester gewann doch tatsächlich einen Zweikampf gegen einen der kleinen Abwehrspieler, trickste den anderen mit ihrem Übersteiger aus und flankte dann in Richtung Jamaika. Der wurde allerdings so bedrängt, dass er den Ball mit der Hacke gleich wieder an Pitt abgab. Pitt schoss und das Leder sauste nur um Haaresbreite über die Latte.

»Sehr schön, Pia! Gut gemacht, Jungs!«, rief Volker seiner Mannschaft zu.

Und Paul schämte sich ein bisschen. Pia hatte es wirklich gut gemacht, und sie schien auch etwas kapiert zu haben: Sie ging alleine, solange sie Platz hatte, trickste nur, wenn sie sich sicher war, und hatte im richtigen Moment zum richtigen Spieler abgegeben. Und er? Er hatte den Ball lieber ins Aus gedroschen, als ihn auf Pia abzuspielen.

Paul nahm sich fest vor, für den Rest des Spiels einfach zu vergessen, dass Pia seine Schwester war. Und er schaffte es: Er spielte drei saubere Pässe auf sie. Und seine Schwester selbst rannte brav mit nach hinten, wenn die Düdelsdorfer doch noch einmal einen Angriff wagten. Zum Glück für Oscar Stoppersocke, den Ersatztorwart, musste er keinen schwierigen Ball halten: Die Abwehr aus Taner, Robert und Paul stand wie eine Eins bis zum Schlusspfiff. Es blieb beim 0:3 für 1848! Was für ein Jubel! Und Sascha war, mitsamt den Jungs vom BVN, plötzlich wie vom Erdboden verschwunden.

»Weiß eigentlich jemand von euch, wie Blau-Weiß gegen den BVN gespielt hat?«, fragte Paul beim Feiern nach dem Spiel jeden Spieler, egal ob der von den Düdelsdorfern oder von 1848 war. Und tatsächlich wusste einer der Väter schon Bescheid, weil Sascha es herumposaunt hatte: 1:0 hatte der BVN gegen Blau-Weiß gewonnen. Und das hieß: 1848 rückte auf den dritten Tabellenplatz vor. Wenn sie nun noch gegen den BVN gewinnen und der VfB Rommerkirchen, der auf dem zweiten Platz war, verlieren würde, dann wären sie Zweiter! Und das wäre die allerbeste Position, um den ewigen Tabellenführer und größten Angeberverein der Stadt, den BVN, endlich mal vom Thron zu stürzen!

»Na, was ist, Paul? Rechnest du schon aus, wie lange wir noch brauchen, bis wir endlich Meister werden?« Pia stand plötzlich mit zwei Flaschen Wasser neben ihm. »Frieden für heute?«, fragte Pia und reichte Paul eine der Flaschen.

»Einverstanden«, sagte Paul, nahm die Wasserflasche und prostete seiner Schwester zu. »Für heute. Aber nur, weil du diesmal richtig gut gespielt hast!«

Pia lachte. »Sei bloß froh, dass wir für heute Frieden geschlossen haben. Sonst würde ich dir nämlich deine faule Flanke ins Aus unter die Nase reiben.«

»Sei selbst froh, dass wir Frieden haben«, antwortete Paul. »Sonst würde ich dir unter die Nase reiben, dass du sowieso bald aus dem Verein fliegst, weil du immer zu spät kommst.«

Pia grinste. »Die Zeiten sind vorbei.« Sie zeigte Paul ihre Armbanduhr. »Ich hab sie extra eine Viertelstunde vorgestellt. Ab jetzt bin ich die Pünktlichkeit in Person!«

»Kommt noch einmal alle her!«, rief Volker. Die Mannschaft versammelte sich um den Trainer. »Das war eine super Leistung von euch! Vor allem in der ersten Halbzeit. Robert, Oscar und Taner, ihr habt hinten toll zusammengespielt. Tja, und Paul, Pitt und Jamaika …« Der Trainer machte eine Pause, schüttelte den Kopf und sagte: »Euch drei hätte ich schon viel früher da vorne einsetzen sollen, dann wären wir heute nicht auf den dritten, sondern auf den zweiten Platz vorgerückt.«

Dieses Lob ging Paul runter wie Öl. Im Mittelfeld links, da fühlte er sich eben einfach zu Hause. Auch Jamaika strahlte über beide Ohren. Und sogar Pitt freute sich und hatte anscheinend vergessen, dass er eigentlich viel lieber Stürmer sein wollte. »Pia, auch du hast gut ins Spiel gefunden. Und jetzt drücken wir Tori Flori alle Daumen, dass …«

»Lieber nicht«, unterbrach ihn der angeknackste Torwart. »Der linke Daumen ist schon gedrückt genug.«

# Warm anziehen

Das ist doch echt Scheiße! Wir sind doch nicht bei den Zicken Kickers!« Käpten Pitt war nach dem Training mit seiner Geduld am Ende. »Wie viele Mädchen sollen wir denn noch aufnehmen?«

»Was regst du dich denn so auf?«, hielt Oscar Stoppersocke dagegen. »Pia hat doch gegen die Düdelsdorfer ein super Spiel gemacht, oder? Und warum sollte Betty schlechter als sie sein?«

»Weil ...« Käpten Pitt stockte. Alle Blicke in der Umkleidekabine richteten sich auf ihn. »Na, weil sie eben ein Mädchen ist.«

»Dass ich nicht lache!«, rief Oscar Stoppersocke.

Und auch Jamaika runzelte die Stirn.

Aber Robert meinte: »Pitt hat doch recht. Mädchen haben einfach weniger Kraft und weniger Ballgefühl.«

Nun brach der Streit erst richtig los. »Totaler Quatsch!«, rief Oscar. »Willst du mal meine Schwester sehen, wie viel

Kraft die hat?« Und Tori Flori meinte: »Pia hat doch ein spitzen Ballgefühl.«

Aber Käpten Pitt und Robert schrien: »Wir werden niemals gegen den BVN gewinnen, wenn wir lauter Weiber in der Mannschaft haben.«

Nur Paul hielt sich lieber zurück. Schließlich war er es ja gewesen, der Pia mit in den Verein gebracht hatte, auch wenn es absolut nicht seine Absicht gewesen war. Und Pia hatte nun auch noch ihre beste Freundin Betty mit zum Probetraining gebracht. Denn Betty war nicht schlecht im Tor. Sie brauchten dringend einen Ersatz für Tori Flori – das hatten sie ja in Düdelsdorf gesehen. Sein Daumen war nämlich noch noch immer nicht in Ordnung. Dämlicherweise war Betty sogar so gut, dass Volker sofort damit einverstanden war, dass sie mitspielte. Paul hatte zwar damit gerechnet, dass nicht alle begeistert davon sein würden, aber dass ein solcher Streit unter den Jungs ausbrechen würde, das hatte er nicht gedacht.

»Du bist wohl verknallt in sie oder was?«, rief Robert.

Oscars Antwort auf diese Frage war eine saftige Ohrfeige.

»Oh, oh, wenn der Herr Oscar keine Antwort weiß, dann fängt er gleich an zu prügeln!«, rief Robert ziemlich sauer und stürzte sich auf den breiten Oscar, um es ihm heimzuzahlen.

»Hört doch auf!«, rief Paul. Anscheinend hatte seine Mutter eben doch recht: Fußballer waren Schlägertypen, die losprügelten, sobald ihnen die Argumente ausgingen.

Aber da flog schon die Kabinentür auf, und jemand sagte: »Hust-hust!«

Oscar und Robert hielten sich noch gegenseitig am Kragen fest, drehten ihre Köpfe zur Seite und sahen zum Trainer, der kopfschüttelnd im Türrahmen stand und die Arme vor der Brust verschränkte. »Was ist denn hier los? War das Training heute zu lasch für euch oder was?«, fragte Volker herausfordernd.

Oscar und Robert ließen sich los. Robert murmelte: »War nicht so gemeint…«, und richtete Oscars Kragen wieder, während Oscar sagte: »Ich wollt nur mal wissen, ob das Hemd was aushält.« Er schlug Robert auf die Schulter und knurrte: »Cooles Shirt, gute Qualität, kann man sogar dran rumrupfen.«

»Schluss mit dem Eiertanz!«, sagte Volker streng. »Worum ging's?«

Die beiden schwiegen.

»Gibt es irgendwas, das ich wissen sollte?«, fragte der Trainer noch mal nach.

Aber Oscar und Robert schüttelten nur stumm die Köpfe.

Da fasste sich Käpten Pitt ein Herz und sagte tapfer: »Ich fürchte, dass es noch öfter Streit geben wird, wenn wir noch mehr Mädchen in die Mannschaft aufnehmen.«

»Ach daher weht der Wind«, erwiderte Volker. »Pia hat gegen Düdelsdorf gut gespielt. Ich hoffe, ihr habt alle so viel Ahnung von Fußball, dass ihr das gesehen habt. Und Betty

hat mich auch überrascht. Die fängt sicher, bringt ihren Körper gut hinter den Ball, kommt im richtigen Moment rausgelaufen; ist doch prima. Also warum soll sie nicht mitmachen? Solange Tori Flori noch Probleme mit seinem Daumen hat, stellt der sich jedenfalls nicht ins Tor. Will einer von euch vielleicht an Bettys Stelle in den Kasten?« Volker ließ seinen Blick über die Gesichter der Jungs kreisen. Keiner meldete sich. »Sag ich doch. Und nun: Ab mit euch! Die Sonne scheint wie verrückt. Ihr habt alle ordentlich trainiert. Haut ab ins Freibad, für heute habt ihr genug gekämpft!«

Die Jungs schnappten sich ihre Rucksäcke von den Bänken und marschierten aus der Kabine.

»Ach, noch eins!«, rief ihnen der Trainer nach. »Oscar und Robert, für euch gilt dasselbe wie für Pia und Paul: Klärt euren Streit vor oder nach dem Spiel, aber niemals auf dem Platz! Sonst misch ich mich ein. Und wenn ich das tue, solltet ihr euch warm anziehen.«

Oscar und Robert mussten sich nicht warm anziehen. Sie stritten zwar auch in den nächsten Tagen vor und nach dem Training – aber auf dem Platz hielten und spielten sie zusammen. Nein, die beiden hatten nichts vom Trainer zu befürchten. Wer sich aber warm anziehen musste, ohne es selbst zu ahnen, war Pia. Denn dafür sorgten Paul und Pitt.

Paul hatte keine Lust mehr auf die ganze Nerverei. Seit die Mädchen bei 1848 mitkickten, gab es ständig Streit in der Mannschaft. Und da er nur einen Weg sah, die Mädchen wieder loszuwerden, musste Paul leider ein bisschen in die Trickkiste greifen. Am Dienstag vor dem großen Spiel gegen den BVN holte er zum ersten Streich gegen Pia aus.

»Letzte Warnung, Frau Meyer-Hohenstein!«, rief Volker,

als Pia mal wieder eine Viertelstunde zu spät zum Training erschien. Er war wirklich sauer. »Ich hab dich gewarnt: Wer drei Mal zu spät kommt, der fliegt, und du bist schon zum zweiten Mal zu spät.«

»Aber Paul oder irgendein anderer Blödmann ...«, verteidigte sich Pia.

Der Trainer winkte ab. »Klar doch, immer sind die anderen schuld.«

Aber diesmal war sich Pia anscheinend ihrer Sache und ihrer Unschuld sicher. »Hör mir doch erst mal zu, Volker! Diesmal kann ich echt nichts dafür! Irgendjemand muss meine Uhr verstellt haben!« Pia zeigte als Beweis ihre Armbanduhr vor.

Aber das überzeugte Volker überhaupt nicht. »Ne, Pia, echt nicht. Da musst du dir schon was Besseres einfallen lassen.« Er zeigte ihr seine Uhr. »Deine Uhr geht doch auf die Minute pünktlich!«

»Ja eben!« Pia schossen Tränen in die Augen. »Die muss einer verstellt haben! Normalerweise geht sie eine Viertelstunde vor, damit ich nicht zu spät komme.«

Volker sah Pia an, als wisse er nicht, ob er lachen oder weinen solle, und murmelte dann: »Also, zieh dich um, lauf dich warm. Und komm nicht noch einmal zu spät!«

Paul zwinkerte unauffällig Pitt zu. Pias Uhr auf die normale Uhrzeit zu stellen, war ein Kinderspiel für ihn gewesen. Schließlich legte sie die jeden Abend auf ihr Nachttischchen neben dem Bett. Trotzdem war er nicht ganz sicher gewesen, ob es klappen würde. Denn erstens hingen noch jede Menge andere Uhren im Hause Meyer-Hohenstein herum. Und zweitens hätte Pia ja schon am Vormittag auffallen können, dass etwas mit ihrer Uhr nicht stimmte. Aber zum Glück guckte Pauls Schwester eben so gut wie nie auf ihre Uhr – außer vor dem Fußballtraining. Jetzt musste Paul nur noch dafür sorgen, dass sie noch ein weiteres Mal zu spät käme …

»Okay, Leute: Bildet Dreiergruppen!« Volker begann mit einem knallharten Abschlusstraining. Sie arbeiteten an ihren Bauch- und Rückenmuskeln, übten schnelles Starten aus dem Sitzen und sogar aus dem Liegen. Sie passten genau in den Lauf eines Partners und schlossen immer mit einem Schuss aufs Tor ab, sodass Betty beide Hände voll zu tun hatte. Denn leider schien der Daumen von Tori Flori noch immer nicht in Ordnung zu sein. Genau genommen machte nicht nur der Daumen, sondern der ganze Torwart einen ziemlich geknickten Eindruck. Er trainierte zwar auf dem Feld mit, meinte aber bei jeder Gelegenheit, dass sie gegen den BVN doch sowieso keine Chance hätten.

Und dann passierte etwas Merkwürdiges: Pia passte Oscar einen Ball zu, den Oscar nicht richtig erwischte. Der Ball flog zur Seite, und Tori Flori, der vor Paul in der Reihe stand, fing ihn fast automatisch mit einer Glanzparade. Er warf Oscar den Ball wieder zu, der sich mit einem kurzen Nicken bedankte. Paul traute seinen Augen kaum: Tori Flori hatte den

Ball, der ziemlich schwungvoll angeflogen gekommen war, gefangen. Mit beiden Händen! Und auch mit dem linken Daumen. Und ohne Torwarthandschuhe. Paul sah sich um. Hinter ihm stand Jamaika in der Reihe und schüttelte ebenfalls seine blonde Löwenmähne.

»Sag mal, tut dir nichts weh?«, fragte Paul.

»Nö, wieso?« Tori Flori hörte gar nicht richtig zu. Jetzt war er an der Reihe, um einen Pass von Robert anzunehmen und aufs Tor zu schießen.

»Will der uns verschaukeln?«, fragte Jamaika.

Aber auch der Trainer hatte es bemerkt. »Sag mal Florian, kann es sein, dass deine Finger vielleicht doch wieder okay sind?«

Tori Flori sah betreten auf den Rasen und wurde rot. »Ja, äh … hm … ich glaube«, er knetete seinen Daumen. »Ich glaub, es geht langsam wieder.«

Der Trainer seufzte. »Dann hol deine Torwarthandschuhe und mach, dass du in den Kasten kommst! Du kannst dich mit Betty abwechseln.«

Paul sah Jamaika an. Was war denn mit dem Torwart los?

»Vielleicht wollte er, dass Betty auch mal ein paar Bälle hält«, vermutete Jamaika.

Paul zuckte mit den Schultern. Sie waren dran; Jamaika lief auf seine Position. Paul schnappte sich einen Ball, flankte zu ihm rüber, lief am Kegel vorbei, den der Trainer als Hindernis aufgestellt hatte, und bekam den Ball von Jamaika genau auf den linken Fuß gespielt. Er musste nur noch abziehen. Mit der Außenseite des Fußes erwischte er den Ball, der in einer schönen Linkskurve aufs Tor zuflog. Betty streckte sich, erreichte den Ball aber nicht mehr, weil der weiter nach links abdrehte, als sie gedacht hatte. Das Leder landete im Netz. Ein Superschuss.

»Moment!«, rief Volker von der Seite. »Kannst du das noch mal machen, Paul?«

Paul zuckte mit den Schultern. »Keine Ahnung.« So eine Kurve hatte er noch nie geschossen.

»Okay, sofort zurück, noch mal genau dasselbe! Jamaika, du spielst den Pass.« Der Trainer warf Paul einen Ball zu, während Tori Flori Betty im Tor ablöste.

Die ganze Mannschaft sah plötzlich auf Paul, der sich den Ball zurechtlegte. Er hatte keine Ahnung, wie er es gemacht hatte. Mit der Außenseite. Irgendwie mit der Außenseite seines linken Fußes. Er nahm einen kurzen Anlauf und passte den Ball Jamaika zu. Aber jetzt war der Wurm drin: Der Pass war etwas zu hoch gewesen, und Jamaika musste den Ball erst mit der Brust annehmen, ehe er ihn kontrollieren konnte. Er flankte Paul wieder in den Lauf, aber nicht genau auf den linken, sondern auf den rechten Fuß. Paul nahm den Ball mit, legte ihn sich auf den linken Fuß und dachte: »Mach die Kurve!«

Aber er erwischte den Ball nicht so, wie er wollte, und statt wieder so eine schöne Linkskurve zu machen, sauste das Leder diesmal schnurgerade aus und Tori Flori genau in die Arme. Und der hielt es so sicher, als wäre sein Daumen nie verknackst gewesen.

»Gut gemacht, Flori!« Volker zwinkerte Paul zu. »Ist egal, Paul. Macht diese Runde noch durch, dann besprechen wir das Spiel gegen den BVN.«

Paul trottete zurück in die Reihe. Er war sich nicht sicher, ob Volker nun enttäuscht von ihm war.

Käpten Pitt schlug ihm von hinten auf die Schulter. »Ich sag's doch, Paul: In deinem linken Fuß, da ist Musik drin. Und zwar eine ganze Menge!«

»Aber es hat doch nicht mehr funktioniert!«, meinte Paul etwas zerknirscht.

Käpten Pitt grinste. »Was einmal klappt, klappt auch zweimal. – Cooler Spruch, oder? Ist nicht von mir. Das sagt Volker immer.«

»Okay, Leute! Die Aufstellung für Samstag steht fest. Außerdem will ich noch ein paar Takte zur Taktik sagen!« Volker holte sein liebstes Spielzeug, die große Magnettafel, vom Spielfeldrand. Und noch während die anderen die Bälle einsammelten, nahm der Trainer Paul beiseite und sagte: »Diesen Schuss, den musst du unbedingt üben. Was einmal klappt, klappt auch zweimal, wenn man trainiert! Also probier es: Schieß die Kurve. Denk gar nicht drüber nach, probier es einfach immer wieder aus: mit der Außenseite den Ball anschneiden. Und wenn es einmal gelingt, dann versuch dieselbe Kurve direkt noch einmal zu schießen. Kannst ja mit Pia im Wohnzimmer oder Garten üben.« Der Trainer grinste.

Paul lächelte müde. Volker konnte sich inzwischen eigentlich denken, dass Fußball im Haus und Garten der Meyer-Hohensteins mindestens so verboten war wie Radfahren auf der Autobahn. Aber trotzdem spürte er ganz viele Flugzeuge in seinem Bauch: Anscheinend hatte er wirklich Musik im linken Fuß. Zumindest schienen das Käpten Pitt und der Trainer zu glauben.

»Okay, Leute, setzt euch!« Die Mannschaft hockte sich auf den Rasen. Volker lehnte die Magnettafel an den linken Torpfosten, sodass alle die farbigen Magnete sehen konnten. Die orangen standen für die Spieler von 1848, die schwarzen für den jeweiligen Gegner. Volker verteilte die Magnete auf der Tafel. »Wir spielen in derselben Aufstellung wie gegen Düdelsdorf, mit …« Aber weiter kam er nicht.

»Oh ne, ich will nicht in der Abwehr sein! Ich bin doch genauso gut wie Paul!«, rief Robert dazwischen.

Volker schüttelte den Kopf. »Nein, ich finde nicht, dass du genauso gut bist wie Paul, Robert.« Plötzlich war es mucksmäuschenstill. »Ich finde, dass du besser bist. Du bist sicherer am Ball und vor allem setzt du dich besser im Zweikampf durch.«

»Warum darf ich dann nicht richtig mitmachen und nur in der blöden Abwehr rumstehen?« Roberts Kopf war knallrot angelaufen.

Volker Nolz blies seine Backen mit viel Luft auf, ließ die Luft wieder ab und fragte: »Seht ihr das alle so wie Robert? Wer gut spielt, ist Stürmer oder Mittelfeldspieler, wer schlecht spielt, spielt in der Abwehr?« Der Trainer sah in die Runde. »Ich dachte, ihr wisst inzwischen besser Bescheid. Also noch einmal: Nur weil die Stürmer die Stars sind, machen sie noch lange nicht das Spiel! Was hast du von 17 Treffern, die ein Spitzenstürmer reindrückt, wenn du keine gescheite Abwehr hast und deshalb 18 Gegentreffer kassierst? Wir brauchen dich hinten links Robert. So Typen wie Sascha oder Basti muss man erst mal stoppen. Und das ist nichts für so ein schmales Hemd wie Paul. Wenn du Platz hast, Robert, kannst du von mir aus weiter nach vorne gehen als gegen Düdelsdorf – wenn du schnell wieder hinten bist und keine schwachsinnigen Alleingänge machst.«

Mit dieser Erklärung gab sich Robert zufrieden. Ja, er schien sogar ein Stückchen größer und etwas breiter geworden zu sein, während der Trainer ihm erklärt hatte, warum er ihn hinten brauchte.

»Also, alles so wie gegen Düdelsdorf: Jamaika im Sturm, Pitt und Paul dahinter und dann die Dreierkette in der Abwehr mit Taner, Oscar und Robert. Und im Tor steht Tori Flori. Denn deine Flossen sind ja wieder okay. Oder hat der Arzt gesagt, dass du sie noch schonen sollst?«, fragte der Trainer.

Tori Flori sah betreten auf den Rasen, nickte und mur-

melte: »Nein, nein, der Arzt hat nichts dagegen. Ich hoffe, dass ich spielen kann. Ein bisschen komisch fühlt es sich noch an.«

Volker grinste. »Was sich da komisch anfühlt, ist Lampenfieber vor dem großen Spiel gegen den BVN, Flori.«

Paul wurde das dumpfe Gefühl nicht los, dass irgendetwas mit dem Torwart nicht in Ordnung war. Und was auch immer das Problem war: Floris Daumen war es nicht – und auch an Lampenfieber wollte Paul bei Tori Flori nicht so recht glauben. Schließlich hatte der Torhüter ja auch bei den Stadtmeisterschaften vor Sascha und seinen Jungs nicht den Schwanz eingezogen. Paul nahm sich fest vor, bei der nächsten Gelegenheit mit dem Torwart zu reden.

# Römer, Chinesen und die sechste Stunde

Welcher Blödmann hatte eigentlich die sechste Schulstunde erfunden? Wahrscheinlich irgendein Römer. Meistens waren es ja die Römer: Wasserleitungen, Kalender, Beton, Badeanstalten – im Zweifelsfall waren immer die Römer die Erfinder gewesen. Oder die Chinesen. Paul stellte sich vor, wie Julius Cäsar, der berühmte römische Kaiser und Feldherr, frisch aus dem Krieg gegen die Gallier zurück nach Rom kehrte und beschloss, dass sein Sohn Brutus freitags bis zur sechsten Stunde in der Schule herumsitzen musste. Oder war es doch so ein alter chinesischer Lehrmeister gewesen? So ein uralter Typ mit einem weißen Zutzel-Zitterbart und einem runden Rücken, der irgendwo in einem Kloster lehrte, das hoch oben in den Bergen in ständigen Nebel gehüllt war. Ein Kloster, dessen Umgebung so steil und schroff ins Tal abfiel, dass es keinen Platz gab, auf dem man ein bisschen Fußball spielen konnte. Ja, in so einer Klosterschule, da konnte man auf die idiotische Idee kommen, am Freitag bis zur sechsten Stunde zu unterrichten. Schließlich konnten die armen chinesischen Schüler ja sowieso nicht …

»Paul, we are waiting for you!« Der Satz riss ihn aus seinen Grübeleien.

»Du bist dran!« Jamaika stupste ihn in die Seite.

Paul hatte keine Ahnung, worum es ging. Den Mann an der Tafel kannte er: Das war kein chinesischer Lehrmeister, und es war auch nicht Julius Cäsar – es war Brakel-Krakel, der Englischlehrer, der ihn auffordernd angrinste.

»Yes, äh, sorry!«, sagte Paul schnell und zischte aus dem Mundwinkel Jamaika zu: »Was muss ich sagen?«

»If I had a hammer …«, flüsterte Jamaika.

Und Paul wiederholte laut: »If I have a Mama …«

Die ganze Klasse prustete los. Und Brakel-Krakel schlug sich die Hände vors Gesicht. »Paul, zwei Fehler in einem halben Satz! Das macht dir so schnell keiner nach!«

Aber da erlöste die Schulglocke die Klasse endlich.

»Wochenende!«, schrie Konrad und war mal wieder als Erster an der Tür.

»Wo warst du denn?« Jamaika stellte grinsend seinen Stuhl hoch.

»Rom, China, so diese Richtung«, murmelte Paul etwas verlegen.

Jamaika lachte. »Ich dachte schon, du hättest vom Sieg gegen den BVN geträumt.«

Die Jungs liefen aus der Klasse.

»Paul! Am Montag, erste Stunde bist du aber bitte wieder ausgeschlafen!«, sagte Krakel, als er sie im Flur überholte und Richtung Lehrerzimmer abbog.

Paul nickte und war froh, dass er den abscheulichen Bau aus Beton und Glas endlich für zwei volle Tage nicht zu Gesicht bekommen sollte.

»Bis morgen, Jungs!« Betty schlug Paul auf die Schulter und lief an ihnen vorbei hinter Pia her.

»Tschüs Betty!«, rief Jamaika ihr nach, und an Paul gewandt sagte er: »Hast du dich inzwischen damit abgefunden, dass Betty und Pia mitkicken? Pia ist ja sowieso gut. Und Betty ist doch auch prima im Tor, oder?«

»Flori ist besser«, antwortete Paul trocken, als sie das Gebäude verließen. »Und Pia …«

Aber weiter kam er nicht. Denn Jamaika und er wurden von zwei Jungs aus dem Strom der Schüler, der zu den Fahrradständern und Schulbussen schwappte, rausgeschubst.

»He, was soll das?«

»Das werdet ihr gleich sehen!«, knurrte einer der Jungs, der Paul den Arm auf den Rücken drehte und ihn auf den schmalen Nebenweg drängte. Den anderen Jungen, der sich Jamaika geschnappt hatte, kannte Paul: Das war Basti mit den roten Haaren, der ihn bei

den Stadtmeisterschaften gedeckt hatte. Sie bogen um die Ecke zur Treppe, die zum Parkplatz führte. Und da stand er: breitbeinig und fett grinsend – Sascha, der Kapitän des BVN.

»Hallo Jungs.« Sascha spuckte lässig auf die Stufen. Ekelhaft.

Paul und Jamaika sahen sich an und spuckten genauso lässig dorthin. So eklig wie dieser Sascha konnten sie schon lange sein. Aber das schien den kantigen Jungen überhaupt nicht zu beeindrucken. »Wollte nur kurz was klarstellen: Wenn ihr beiden morgen ein einziges Tor schießt, dann blüht euch was.«

»Ach ja? Und was?« Jamaika wand sich aus Bastis Griff. Auch Paul versuchte sich zu befreien, aber dieser Junge hielt ihn eisern fest und drückte ihm den Arm nach oben.

»Ey, hör auf, das tut weh!«, rief Paul.

»Schnauze halten!«, knurrte Sascha. »Wir können jeden Tag hier aufkreuzen oder bei euch zu Hause aufkreuzen oder nach dem Training mal ›Guten Tag‹ sagen.« Sascha zog die Augenbrauen hoch, spuckte noch einmal aus und sagte: »Und wenn wir ›Guten Tag‹ sagen, dann spürt ihr das noch drei Tage später.«

Daran hatte Paul nicht den geringsten Zweifel.

»Gut, dann ist ja alles klar«, sagte Sascha. »Ach, und noch eins: Wenn ihr irgendjemandem irgendetwas von diesem kleinen Treffen erzählt, dann wird euch das ganz, ganz schlecht bekommen.«

Jamaika wurde knallrot im Gesicht. »Das könnte euch so passen! Wir spielen Fußball! Und du blöder Idiot lässt jetzt sofort Paul los!«

Aber der blöde Idiot dachte gar nicht dran. »Loslassen, hab ich gesagt!« Jamaika schnappte sich blitzschnell den Jungen und nahm ihn in den Schwitzkasten.

»Basti, steh nicht rum: Hilf Dennis!«, befahl Sascha.

Paul konnte sich endlich befreien, aber nun stürzten sich Basti und dieser Dennis auf den armen Jamaika. »Hört auf!«, rief Paul, aber das interessierte weder Idiot Dennis noch Rotschopf Basti. Paul zerrte an Bastis Arm, fing sich bei der Gelegenheit aber selbst einen Tritt ein und war schneller in die Schlägerei verwickelt, als ihm lieb war. Er war Fußballer, kein Kickboxer. Im Unterschied zu Dennis, Basti und Sascha, der seine Ärmel hochkrempelte und sich mit schwingenden Fäusten ins Gewühl stürzte.

»Na wartet, ihr Feiglinge!«, hörte Paul da die Stimme von Oscar Stoppersocke. Und plötzlich waren auch Käpten Pitt, Taner und Robert zur Stelle und warfen sich sofort auf die Unruhestifter. Allmählich fing die Schlägerei an Spaß zu machen, fand Paul. Leider tauchte hinter den Jungs von 1848 noch jemand auf: Herr Brakel-Krakel, der auf dem Weg zu seinem Auto war. Und diesmal grinste er ausnahmsweise nicht, als er die wilde Keilerei auf der Treppe sah. Im Gegenteil. Er war stinksauer.

»Auseinander! Sofort auseinander!«, rief er.

Endlich ließen die Mistkerle vom *Humboldt* von Paul und Jamaika ab.

»Paul und Jan Maik, was ist hier los?«, fragte Krakel.

»Die wollten uns verprügeln!« Jamaika zeigte auf Sascha und seine Jungs.

»Pah, Herr Lehrer, glauben Sie denen kein Wort!«, rief Sascha. »Wir sind hier nur vorbeispaziert. Da stürzen sich diese sechs Jungs auf uns!« Er guckte plötzlich wie ein ganz, ganz armes, unschuldiges Lamm mit Igelfrisur, das wirklich nur spielen wollte, und fügte mit leiser Stimme hinzu: »Meinen Sie, wir legen uns mit sechs Jungs gleichzeitig an?«

Paul war sprachlos. Das gab's doch gar nicht. »Lügner!«, entfuhr es ihm.

Und auch Jamaika, Käpten Pitt und die anderen schrien jetzt wild durcheinander. Aber Herr Brakel winkte ab. »Ruhe! Ich will das alles gar nicht hören! Von welcher Schule seid ihr?«

»Vom *Humboldt*!«, sagte Käpten Pitt anstelle von Sascha, Dennis oder Basti. »Das sieht man doch gleich am fiesen Blick!«

Basti drohte ihm unauffällig mit der rechten Faust, worüber der Kapitän von 1848 aber nur lächelte.

»Ach so ist das. Hört zu, Jungs. Wir machen das jetzt so: Ihr geht jetzt alle nach Hause. Und zwar geht ihr drei da lang!« Herr Brakel zeigte nach rechts. »Und ihr sechs geht da lang!« Herr Brakel zeigte Richtung Schulbus.

Sascha hob entschuldigend die Hände und sagte: »Tut mir echt leid, Herr Lehrer. Ich wusste ja nicht, dass ihre Schüler so aggressiv sind.«

»Ja, ja, ja, blablabla, mach, dass du nach Hause kommst«, sagte Krakel. Auf das Gesülze und Gesäusel von Sascha, dem Unschuldslamm, fiel noch nicht mal der sonnige Englischlehrer herein. »Und lasst euch hier an der Schule nicht mehr blicken!«

# Schicksalhafte Petersilie

Nein.«

»Doch.«

»Glaub ich nicht.«

»Frag sie selbst!«

Pia rannte aus Pauls Zimmer in den Keller und kam kurz darauf zurück.

»Und?«

»Hast recht.« Pia ließ sich auf Pauls Bett sinken und sagte: »So ein Mist. Wie konnte das passieren?«, fragte sie.

Das hatte Paul sich und seine Mutter zuerst auch gefragt. Aber die Erklärung dafür war ganz einfach: Pauls Mutter, die sonst niemals auf dem Markt einkaufte, hatte im Supermarkt keinen Bund frische Petersilie gefunden, sondern nur das, was sie abfällig als »Komposthaufen« bezeichnete. Aus Ärger über den Supermarkt war sie ausnahmsweise eben doch auf den Markt gestiefelt, um dort zielsicher mit dem gut gelaunten Kollegen Brakel-Krakel zusammenzustoßen.

Normalerweise wechselten die beiden kein überflüssiges Wort miteinander, aber natürlich hatte Krakel nichts Besseres zu tun gehabt, als seiner Kollegin brühwarm unter die Nase zu reiben, dass er ihren Sohn Paul gestern, nachdem er eine Englischstunde komplett verschlafen hatte, bei einer Schlägerei mit drei Jungs vom *Humboldt* erwischt hatte. Der Rest war Pauls eigene Dummheit gewesen: Seine Mutter hatte ihn zu Hause zur Rede gestellt und gefragt, worum es in dem Streit gegangen wäre, und Paul war dämlich genug gewesen, seiner Mutter erklären zu wollen, dass Sascha, Dennis und Basti drei Spieler vom BVN waren und ihn und Jamaika einschüchtern wollten, wegen des Spiels am Nachmittag. Paul war sich nicht sicher gewesen, ob seine Mutter den Unterschied zwischen dem SC 1848 und dem BVN kannte. Er war sich noch nicht mal sicher, ob sie einen Fußball von einem Luftballon unterscheiden konnte. Deshalb hatte es ihn auch nicht gewundert, dass sie nicht sofort verstanden hatte, worum es bei diesem Streit gegangen war. Dass es um Fußball gegangen war, hatte sie aber gleich kapiert. Und das war der Anfang vom Ende gewesen. Denn nun waren sie wieder beisammen, die drei Dinge, die Pauls Mutter absolut nicht ausstehen konnte: Fußball, Streit und Schlägerei. Und da Paul in ihren Augen nichts dazugelernt hatte, machte sie einfach kurzen Prozess: »Das war's. Fußball ist gestrichen.«

Und das drei Stunden vor dem Anpfiff des wichtigsten

Spiels überhaupt. Der SC 1848 gegen den BVN, der Tag der Rache für das unfaire Finale bei den Stadtmeisterschaften! Aber es half kein Heulen, Zähneklappern, Betteln oder Erklären: Pauls Mutter hatte einen pädagogischen Anfall der Extraklasse, und Paul durfte nicht zum Spiel, komme, was da wolle.

»Das war's.« Paul saß, wie immer, wenn er nicht mehr weiterwusste, auf seinem Kleiderschrank, hatte die Beine angewinkelt, starrte vor sich ins Nichts und wiederholte den abscheulichen Satz seiner Mutter. – Wer hatte eigentlich die Pädagogik erfunden? Waren das etwa auch diese dämlichen Römer, Griechen und Chinesen gewesen?

Doch plötzlich tauchte Pia vor ihm auf. »Ich glaube nicht, dass das schon ihr letztes Wort war«, murmelte Pia etwas zögernd. Dann nickte sie mit dem Kopf, als wollte sie das eben Gesagte noch einmal bestätigen, und rief: »Komm runter vom Schrank, Paul, wir haben noch jede Menge zu tun!«

Aber Paul schüttelte nur den Kopf. »Ich hab überhaupt nichts mehr zu tun.«

Pia verdrehte die Augen. »Also gut, dann bleib halt da sitzen, du Dickschädel!« Und noch ehe Paul sie fragen konnte, was sie eigentlich vorhatte, war Pia aus dem Zimmer gestürmt.

Fünfzehn Minuten später, nicht mehr und nicht weniger, kam Pauls Vater ins Zimmer gestürmt und rief: »Paul, was soll diese Demonstration im Garten?« Er sah sich im Zimmer um. »Paul? Bist du da?«

»Nein, ich bin weg«, knurrte Paul vom Schrank herunter.

Jürgen Meyer-Hohenstein drehte seinen Kopf und sah zu seinem Sohn hinauf. »Komm sofort da runter! Und erklär mir, was die Leute im Garten von mir wollen!«

»Was für Leute?«, fragte Paul.

Aber sein Vater sah ihn mit großen Augen an und knurrte: »Ich habe keine Ahnung! Betty und Jan Maik sind auch dabei. Komm jetzt!«

Paul sprang vom Schrank herunter und folgte seinem Vater verdutzt in den Garten. Pia hatte sie alle zusammengetrommelt: Die besten Spieler der Mannschaft des SC 1848 hatte sich auf dem Rasen der Meyer-Hohensteins versammelt – einschließlich der beiden Torhüter Tori Flori und Betty. Sogar Robert war dabei.

»So, hier ist Paul. Und jetzt möchte ich bitte hören, worum es geht!«, sagte Pauls Vater ziemlich ungeduldig. »Und eins kann ich euch gleich sagen: Falls einer von euch auf die wahnsinnige Idee kommen sollte, in diesem Garten Fußball spielen zu wollen, dann …«

Käpten Pitt winkte ab. »Wir wollen auf dem Platz Fußball spielen, aber dazu brauchen wir Paul! Ohne ihn und seinen linken Fuß geht es einfach nicht.«

Pauls Vater sah verwundert von Käpten Pitt zu Paul und

wieder zurück und verstand nur Bahnhof. »Ja, dann nehmt ihn doch mit und verschwindet! – Wo ist das Problem?«

Pia zwinkerte Paul zu. Dass es so einfach gehen würde, hätten sie beide nicht gedacht. Er wollte schon losrennen und seine Fußballsachen holen, als die Stimme seiner Mutter hinter ihm ertönte: »Das Problem ist, dass ich etwas dagegen habe!«

»Wie?«, fragte Pauls Vater.

»Paul hat sich gestern nach der Schule mit ein paar Fußballern geprügelt. Und deshalb habe ich ihm Fußballverbot erteilt«, sagte seine Mutter.

»Ach so, jetzt verstehe ich. Und ihr seid gekommen, um …«, fing Pauls Vater an, wurde aber abermals von Käpten Pitt unterbrochen: »Paul hat sich nur verteidigt, Frau Meyer-Hohenstein. Was soll er ihrer Meinung denn tun, wenn ihn drei Jungs vom *Humboldt* in den Schwitzkasten nehmen, sich windelweich prügeln lassen?«

Pauls Mutter schüttelte den Kopf. »Zu einem Streit gehören immer zwei. Kein Mensch prügelt ohne Grund los!«

»Da kennen Sie Sascha und seine Jungs aber schlecht!«, hielt Käpten Pitt dagegen.

Und nun war es Pauls Vater, der aufhorchte. »Sascha? Sascha Wollschläger?«

Käpten Pitt nickte. »Woher kennen Sie den denn?«

»Aus meinem Mathematikunterricht und vom Schulhof«, antwortete Jürgen Meyer-Hohenstein. »Du hattest eine Schlägerei mit Sascha Wollschläger, Paul?«

Paul nickte. Offensichtlich kannte sein Vater diesen Sascha ziemlich gut. Aber machte das die Sache für Paul jetzt besser oder schlechter? Kannte sein Vater die Schläger-Seite oder die Unschuldslamm-Seite von Sascha? Am Ende war Sascha noch ein Musterschüler seines Vaters – dann hatte Paul schlechte Karten. Er sah seinen Vater von der Seite an und bemerkte die roten Flecken am Hals über dem Rollkragen. Die verhießen normalerweise nichts Gutes. Normalerweise.

»Dann kann ich mir allerdings vorstellen, dass Paul vollkommen unschuldig ist«, sagte Pauls Vater zu seiner Frau. »Wo dieser Sascha auftaucht, gibt es Ärger. Und hinterher guckt der immer aus der Wäsche wie ein Unschuldslamm.« Paul sah genau, dass sein Vater die Zähne zusammenbiss, um nicht ganz, ganz tief in die Schublade der Wörter zu greifen, die man in überhaupt gar keinem noch so schlimmen und dringenden Fall sagen durfte. Alles, was er durch die Zähne knirschte, war: »Ich erspare dir und mir die Details.«

Pauls Mutter verzog das Gesicht, als müsste sie drei schleimige, in sauren Essig eingelegte Kröten schlucken, und knurrte: »Also gut, dann drücke ich für diesmal beide Augen zu und hebe das Fußballverbot auf.«

Die ganze Mannschaft jubelte!

»Auf geht's, Leute!«, rief Käpten Pitt, während Paul ins Haus stürmte, um seinen Rucksack mit den Fußballklamotten zu holen.

Pia rannte hinter ihm her. »Fahr schon mit den anderen

vor, Paul. Ich muss nur noch mal schnell!« Sie war schon fast auf dem Klo, als Paul sich umdrehte und sagte: »Danke, Pia!« Und in diesem Moment nahm er sich fest vor, doch nicht dafür zu sorgen, dass sie aus der Mannschaft rausflog; obwohl sie nicht nur ein Mädchen, sondern auch seine Schwester war.

Pia grinste, legte den Kopf schief und sagte trocken: »Gern geschehen!«

# 12 In der Höhle des Löwen

»Ach, Madame gibt sich auch die Ehre!« Volker war stinksauer, als Pia mit einer halben Stunde Verspätung am Platz des BVN auftauchte. »Das komplette Aufwärmen hast du jetzt verpasst. Und wer ist diesmal Schuld?«

»Keine Ahnung!«, knurrte Pia. Sie warf Paul einen hochgiftigen Blick zu. Aber er ruderte entschuldigend mit den Händen. Diesmal war er wirklich unschuldig. »Irgendjemand hat mein Fahrrad lahmgelegt und der Bus fährt am Wochenende eben nur alle halbe Stunde!«, verteidigte sich Pia.

Aber Volker Nolz ließ nicht mit sich reden. »Ich habe dich gewarnt. Wir sind nicht die Zicken Kickers, sondern 1848! Gleich ist Anpfiff, du bist nicht aufgewärmt und kommst jetzt zum dritten Mal zu spät. Und das ausgerechnet bei so einem wichtigen Spiel!«

»Moment, Moment«, schaltete sich da Paul ein. »Es war bestimmt das letzte Mal, dass Pia …«

»Stimmt genau«, unterbrach ihn der Trainer streng. »Es war das letzte Mal, dass sie zu spät zu einem Spiel kommt.« Er machte eine kurze Pause, und dann sagte er Pia ins Gesicht: »Du bist draußen!«

Pia starrte ihn an und sah aus, als würde sie gleich einen Lachanfall kriegen, aber dann brachte sie nur mit leiser Stimme heraus: »Das ist nicht dein Ernst, oder?«

Doch Volker blieb hart.

Pia machte den Mund auf, um noch etwas zu ihrer Verteidigung zu sagen, aber der Trainer wollte nichts mehr hören.

Da rief Betty: »Wenn du Pia rausschmeißt, dann gehe ich auch.«

Volker drehte sich zu der Torhüterin um. »Ist das dein Ernst?«

Betty nickte.

Volker zuckte mit den Schultern. »Das tut mir leid. Dann bist du eben auch raus.« Er ließ seinen Blick über die Köpfe der Mannschaft schweifen, die sich um Pia, Betty, Paul und ihn versammelt hatte, und knurrte: »Sonst noch jemand? Oder können wir jetzt endlich anfangen?«

Paul sah betreten auf den Rasen. Was sollte er machen? Pia kam ja auch wirklich immer zu spät. Und warum hatte sie ihr Fahrrad nicht in den Schuppen geschoben, wie er es immer machte? War doch klar, dass irgendwann ein Blödmann ankommen und etwas kaputt machen würde, wenn sie es immer vorne am Gartenzaun parkte! Irgendwie wurde er das Gefühl nicht los, dass er noch etwas für Pia tun sollte, aber er wusste nicht so recht was.

Und dann war sowieso keine Zeit mehr, über Pia und Betty nachzudenken. Denn der Schiedsrichter rief die beiden Kapitäne zu sich. Da traten sie sich wieder gegenüber: Sascha im grün-weißen Trikot des BVN und Pitt in Orange-Blau. Und diesmal standen sie nicht auf dem Platz des *Schulze*, sondern auf dem sehr gepflegten Rasenplatz des BVN im Herzen der Nordstadt. Paul sah sich um. Schön war er ja: Der Rasen war prima in Schuss, umkränzt von einer roten Aschenbahn für die Leichtathleten, und an den vier Ecken ragten große Flutlichtmasten in den blauen Himmel. Auf dem grünen Dach des Vereinshauses, in dem die Kabinen, Geräte und der knurrige Platzwart samt Familie, Hund und Rasenmäher untergebracht waren, stand in riesengroßen weißen Lettern:

**Ballsport Vereinigung Nordstadt 1952**

Paul musterte die Spieler des BVN. Die meisten Jungs kannte er schon von den Stadtmeisterschaften. Basti Rotschopf stand am Mittelkreis und fletschte die Zähne, als er bemerkte, dass Paul ihn musterte. Kevin, Dennis und Oliver streckten noch einmal ihre Knochen. Die drei waren als die härteste Abwehr der Stadt bekannt. Die Bohnenstange Dominik sprang noch einmal zur Latte. Dann pfiff der Schiedsrichter das Spiel an.

Die erste Halbzeit begann in hohem Tempo. Die vom BVN hatten sich auf kurze schnelle Pässe spezialisiert: Zwischen Basti, Sascha und dem Jungen mit der Nummer 6, den sie »Ralle« nannten, sauste der Ball nur so hin und her, sodass Paul und Pitt kaum eine Chance hatten, dazwischenzugrätschen. Allerdings prallten ihre ersten drei Angriffe an Oscar Stoppersocke, Taner und Robert ab. Doch dann änderten sie ihre Taktik: Ralle schlug einen weiten Pass auf Sascha, der sich irgendwie zwischen Robert und Oscar hindurchdrängelte und aufs Tor schoss. Der Schuss war nichts Besonderes: flach, nach rechts, aufs kurze Eck. Tori Flori wäre eigentlich locker drangekommen: mit den Händen oder mit den Füßen. Aber der Torwart von 1848 ließ diesen Ball durch! 1:0 für den BVN.

»Was war das denn?«, fragte Paul Käpten Pitt, als sie zusammen zur Spielfeldmitte liefen.

Käpten Pitt zuckte mit den Schultern. »Kann passieren. Denk nicht drüber nach.«

Als aber Tori Flori noch zwei weitere ziemlich lasche Schüsse von Sascha und Ralle durchließ, konnte Paul nicht mehr anders, als eben doch darüber nachzudenken. Hatte Flori etwa noch Probleme mit seinem Daumen? Oder war er sauer auf Volker, weil er Pia und Betty aus dem Verein geschmissen hatte, und wollte nun das Spiel mit Absicht verlieren? Was auch immer es war: Bis zur Halbzeitpause stand es 4:0 für den BVN, und Paul hatte keine Ahnung, wie sie dieses Ergebnis noch kippen sollten.

»Leute, Leute, kommt her zu mir!«, rief Volker in der Pause und kam gleich zur Sache: »Florian, was ist los mit dir?«

»Ich weiß nicht, schlechter Tag irgendwie. Ich glaub, ich hab Kopfweh«, murmelte Tori Flori.

»Dann stellen wir eben Betty ins …«, begann Oscar, aber dann schlug er sich selbst mit der Hand vor die Stirn. »Ach nein, die ist ja gar nicht mehr dabei.«

Paul glaubte nicht an Floris Kopfschmerzen. Der war schon seit Tagen seltsam drauf gewesen: Er hatte beim Training so getan, als könne er nicht ins Tor, und immer wenn die Rede auf das große Spiel gegen den BVN gekommen war, war er so schweigsam geworden. Und als Paul sah, dass Tori Flori verstohlen auf die andere Seite des Platzes schielte, wo sich Sascha gerade produzierte wie ein Super-Gockel, weil er zwei der vier Tore versenkt hatte, da schoss ihm ein Gedanke durch den Kopf. Könnte es nicht sein, dass …

Paul hockte sich neben den angeschlagenen Torwart. »Flori, wollen die dich fertigmachen?«

Florian riss die Augen auf, sah sich ängstlich um und sagte: »Quatsch!«

Aber diese Antwort glaubte ihm weder Paul noch Jamaika und erst recht nicht Käpten Pitt.

»Hast du nicht mitgekriegt, was gestern nach der Schule los war?«, fragte Käpten Pitt.

»Doch, Paul hat sich mit Sascha geprügelt«, sagte Tori Flori. »Aber was hab ich damit zu tun?«

»Kommt, Jungs, hört doch auf mit diesen Geschichten ...«, begann Volker zu beschwichtigen.

Aber Käpten Pitt fuhr dazwischen. »Das sind keine Geschichten! Sascha und seine Jungs haben gestern versucht Jamaika und Paul unter Druck zu setzen: Die beiden sollten heute kein Tor schießen.«

Volker Nolz konnte es nicht glauben: »Wie? Stimmt das?«

Paul und Jamaika nickten.

»Haben diese Stinkstiefel etwa auch dich in die Mangel genommen und dir gesagt, dass du die Bälle durchlassen sollst?« Volker sah Tori Flori an, aber der senkte den Blick. »Flori! Sag was!«

Flori schwieg.

»Flori, du musst es sagen: Wenn die dir gedroht haben, schützen wir dich!«, sagte der breite Oscar Stoppersocke.

Flori sah hoch. Er hatte Tränen in den Augen. »Ach ja? Und wie wollt ihr das machen? Ich bin doch der Einzige, der in der Nordstadt wohnt! Meint ihr, das es ein Vergnügen ist, wenn dreimal die Woche das Fahrrad platt ist? Außerdem muss ich morgens und mittags an der Scheiß-Schule von denen vorbei!«

Volker Nolz schüttelte den Kopf. »Ich glaub's nicht. Ich glaub's einfach nicht!« Er marschierte los, Richtung Schiedsrichter, aber Tori Flori sprang auf und hielt ihn zurück.

»Nein, bitte, du darfst nichts sagen, Volker!«

Volker blieb stehen. »Und ob ich was sage. Ich lass mir meine Mannschaft doch nicht von so einem Stinkstiefel versauen! Sollen sie doch beim Kickboxen eintreten, wenn sie sich kloppen wollen. Das hier ist Fußball.« Er holte den Schiedsrichter, aber der meinte kopfschüttelnd: »Die Streitereien zwischen dem *Humboldt* und dem *Schulze* sind ja bekannt. Aber mich geht das nichts an. Das Spiel lief doch so weit ganz fair.«

Während Volker auf den Schiedsrichter einredete, versammelte Käpten Pitt die Mannschaft um sich.

»Oscar hat recht, Flori: Wir schützen dich. Von mir aus stehe ich eine halbe Stunde früher auf und hole dich jeden Morgen ab, wenn's sein muss! Und wenn Sascha dir oder deinem Fahrrad noch ein einziges Mal ein Haar oder eine Speiche krümmt, dann wird er sein orange-blaues Wunder erleben!«

Die ganze Mannschaft von 1848 nickte.

Tori Flori sah von einem zum anderen. »Ihr würdet euch für mich mit diesen Jungs anlegen?«

Taner sagte grinsend. »Ich würde mich sogar für Pia oder Betty mit diesen Trotteln anlegen.«

»Was denkst du denn?«, fragte Oscar Stoppersocke und ballte die Fäuste. »Von mir aus können wir das noch vor der zweiten Halbzeit klären.«

Aber Käpten Pitt winkte ab. »Wir sind Fußballer. Wir bleiben fair.«

»Fair? Bei diesem Spiel?«, fragte Jamaika. »Wie sollen wir das denn noch aufholen?«

»Vielleicht sollten wir gar nicht aufholen«, schlug Robert vor. »Wir können doch alle so spielen, als hätten sie die ganze Mannschaft bedroht. Schießen wir eben Eigentore, Tori Flori kann sich ja auch an den Pfosten setzen. Dann steht es nachher 80:0 für BVN, und keiner wird glauben, dass es bei diesem Spiel mit rechten Dingen zugegangen ist.«

Das klang nach einem gescheiten Vorschlag, fand Paul. Aber für Pitt kam das überhaupt nicht infrage: »80:0? Das könnte Sascha so passen! Niemals! Wir werden kämpfen! Erstens: Tori Flori spielt ab sofort wieder richtig.«

Der Torwart nickte. »Wenn ihr nach dem Spiel mein Fahrrad repariert und mir Geleitschutz gebt, halte ich alles.«

»Zweitens müssen wir angreifen, angreifen, angreifen. Wir sind viel zu vorsichtig. Robert, du kannst weiter mit nach vorne gehen – zu verlieren gibt's doch jetzt sowieso nichts mehr. Und wir müssen sie früher stören. Ab jetzt gilt: Jeder Ball zählt und in jedem Zweikampf geht's um alles.« Käpten Pitt ballte die Fäuste und knurrte. »Wir packen das! Weil wir einfach besser sind!«

Pitts Worte wirkten Wunder. Schon kurz nach dem Anstoß gewann der Kapitän von 1848 einen Zweikampf gegen Sascha und stürmte möglichst weit in die Hälfte des BVN. Paul lief auf gleicher Höhe mit, aber Pitt schoss einfach schnurgerade aus zu Jamaika, der am Rand des Strafraums stand. Jamaika nahm den Ball mit der Brust an, drehte sich um und stand vor der besten Abwehr der Stadt: Kevin und Oliver versperrten ihm den Weg zum Tor.

Fang bloß nicht an zu dribbeln, dachte Paul. So kurz vor dem Tor gegen zwei so gute Abwehrspieler würde Jamaika den Ball bestimmt verlieren.

Jamaika täuschte einen Schuss an, ließ seinen Fuß aber über den Ball sausen und trat ihn blitzschnell mit der Hacke zurück auf Käpten Pitt. Paul startete sofort auf der linken Seite, denn vor ihm war alles frei. Aber da kamen auch schon Oliver, der mittlere Verteidiger, und dieser Ralle mit der Nummer 6 auf Pitt zugerannt. Pitt passte halbhoch rüber, in den freien Raum vor Paul. Der Ball war ziemlich scharf geschossen und Paul hatte wie immer Basti auf den Fersen. Aber diesmal war Paul schneller. Er sah den Ball auf sich zukommen und nahm gleichzeitig wahr, dass Jamaika im Rücken von Oliver frei stand. Er wollte Basti den Ball gerade schön auf seinen starken linken Fuß fallen lassen, als ihm Basti von hinten ein Bein stellte.

Wie ein Blitz durchzuckte es Paul. Er wollte sich nicht foulen lassen! Er musste den Ball haben! Er wollte, dass dieser Ball auf Jamaikas Fuß landete. Er stolperte, streckte sich, erwischte das Leder mit dem Kopf und versuchte es irgendwie in Jamaikas Richtung zu schieben. Und dann ging alles rasend schnell: Paul landete auf dem Bauch und sah, wie Jamaika, der mit dem Rücken zum Tor stand, den Ball mit dem linken Fuß stoppte. Jetzt griff der Junge mit der Löwenmähne eben doch in seine Trickkiste: Er schob den Ball zwischen seinen Beinen durch, sprang hoch, drehte sich in der Luft, holte mit dem rechten Bein aus und zog voll ab, kaum dass er wieder gelandet war. Der Torwart kam aus dem Kasten gerannt, aber es war zu spät: Der Ball sauste an ihm vorbei ins Netz! Was für ein Tor! 4:1.

Sofort liefen Jamaika, Paul und Pitt zusammen.

»Super!«, keuchte Käpten Pitt. »Genau so machen wir weiter! Wir packen das!«

Noch während sich die ziemlich verdutzte Abwehr des BVN zusammenraufte, hörte Paul eine fiese Stimme hinter sich sagen: »Hast du unsere Abmachung vergessen, du Knirps?«

Paul drehte sich um. Sascha stand mit wutrotem Gesicht hinter ihm.

»Ich habe keine Abmachung mit dir getroffen. Spiel Fußball, wenn du kannst«, er drehte sich um und trabte zurück auf seine Position.

Sascha spielte Fußball. Er spielte, so gut er konnte. Aber je besser das Zusammenspiel bei 1848 funktionierte, desto mehr versuchten Sascha, Basti und auch Ralle allein zu erledigen. Und ihre Alleingänge scheiterten regelmäßig an Taner, Robert und immer wieder an Oscar Stoppersocke. Und als Basti es doch noch einmal schaffte an Oscar und Robert vorbei aufs Tor zu schießen, hielt Tori Flori den Ball mit einer Glanzparade.

»Robert, komm mit nach vorne!«, ermunterte Käpten Pitt den linken Verteidiger. Das ließ Robert sich nicht zweimal sagen: Immer wieder ging er mit vor, dribbelte um Sascha und Basti herum und gab dann ab auf Käpten Pitt oder Paul. Nach und nach trauten sich auch Oscar Stoppersocke und Taner weiter vor, sodass sie den BVN ganz und gar in seine Hälfte des Spielfelds drückten. Und dann entdeckte Käpten Pitt eine Lücke in der Abwehr. Dennis hatte anscheinend Angst vor Kopfbällen. Jedenfalls sprang er so gut wie nie zum Kopfball hoch, sondern lief lieber ein paar Schritte zurück, um den Ball dann mit der Brust oder dem Fuß anzunehmen. Das nutzte Pitt aus: Er lief über rechts außen weit nach vorn und flankte von hier hoch zurück in den Strafraum, wo Jamaika und Paul schon lauerten. Nun konnte Dennis nicht zurücklaufen. Er musste entweder springen oder den Ball durchlassen. Doch Dennis sprang nicht, und diese Chance ließ sich Jamaika nicht entgehen: Er selbst schnellte hoch zum Kopfball, erwischte den Ball aber nicht richtig. Das Leder prallte an die Latte und sprang von da genau auf Pauls linken Fuß. Der dachte gar nichts, sah nur den Ball und das Tor, er trat und traf! 4:2!

»Tor!!!!«, schrien die 1848er.

»Super, Paul!«, rief Volker von der Seite.

Jamaika und Käpten Pitt kamen sofort zu ihm gerannt und jubelten.

»Spitze! Ihr zwei seid einsame Spitze!« Der Kopf von Käpten Pitt war rot vor Freude und seine Augen strahlten. »Jetzt nur nicht nachlassen!«

Und sie ließen nicht nach. Käpten Pitt leitete das dritte Tor mit einem Distanzschuss ein, der so viel Schwung hatte, dass die ganze Abwehr des BVN lieber die Köpfe einzog. Nur der Torwart Dominik stellte sich diesem Ball mutig mit einer Faustabwehr in den Weg. Das Leder prallte von seinen Fäusten ab, und Jamaika war sofort zur Stelle: Mit der Schuhspitze hebelte er den Ball irgendwie am Torwart vorbei über die Torlinie. 4:3!

»Noch eins! Noch eins!«, rief Käpten Pitt. »Wir haben noch drei Minuten!«

Es war der große Krach zwischen Torwart, Abwehr, Trainer und Sascha, der ihnen zum Ausgleich verhalf: Sascha hatte den Ball kaum vom Mittelpunkt gekickt, als er auch schon wieder alleine nach vorn wollte und von Oscar gestoppt wurde. Der Trainer des BVN tobte, weil Sascha nicht zu Basti oder Ralle geschossen hatte, die beide frei gestanden hatten. Sascha blaffte zurück und dachte gar nicht daran, hinten mit auszuhelfen. In der Zwischenzeit traute sich Oscar weit vor, Robert lief links mit, sodass Paul neben Jamaika zur zweiten Sturmspitze aufrückte. Das brachte die Abwehr völlig aus dem Konzept. Oliver, Dennis und Kevin schrien sich gegenseitig an, dass sie aufpassen sollten, und Dominik rief von hinten: »Ich seh nichts! Ich seh nichts!« Robert passte auf Jamaika, der schob den Ball rüber zu Paul. Aber den Doppelpass konnten sie nicht spielen: Oliver hatte aufgepasst und deckte Jamaika. Da sah Paul aus dem Augenwinkel, dass Robert noch weiter links außen lief. Und vor ihm war jede Menge Platz. Paul täuschte eine Flanke auf Jamaika an, schob den Ball aber dann doch raus auf Robert, der ihn im hohen Bogen zurück in den Strafraum flankte – genau auf Jamaikas rechten Fuß. Dominik hatte keine Chance. Der Ball donnerte mit so viel Schwung ins Tor, dass sich Paul nicht gewundert hätte, wenn das Netz gerissen wäre. Jetzt gab's kein Halten mehr! Das war der Ausgleich! 4:4.

Dominik schrie die Abwehr kurz und klein, während der Trainer des BVN sich die Hände vors Gesicht schlug. Käpten Pitt holte schnell den Ball aus dem Netz und rannte damit zur Mitte des Spielfeldes.

»Noch eine Minute! Die kann für ein Tor reichen!« Pitts Augen glühten fiebrig, als er sich mit Paul an den Mittelkreis stellte und auf den Anpfiff des Schiedsrichters wartete.

Sascha machte den Anstoß: Er kickte den Ball lustlos zu Ralle, der ihn sofort im Zweikampf mit Taner verlor. Und dann ging es rasend schnell: Taner passte auf Oscar, der spielte nach links, wo Robert schon gestartet war. Nun aber stellte sich ihm Sascha breitbeinig in den Weg. Robert schoss den Ball zwischen den Beinen des Gegners hindurch und rannte an ihm vorbei.

»Getunnelt!« Oscar Stoppersocke lachte schallend.

Das war zu viel für Sascha. Er rannte hinter Robert her, und als der ihn nicht an den Ball ließ, trat er ihm von hinten die Füße weg. Robert stürzte, sprang wieder auf und ging auf Sascha los. Aber der Schiedsrichter hatte alles gesehen und sofort gepfiffen. Er rief Sascha zu sich.

»So läuft das nicht, mein Junge! Nicht bei einem Spiel, das ich pfeife!«, schimpfte der Unparteiische. »Wir spielen hier Fußball, nicht Rugby!«

»Auf Ihre Predigten kann ich verzichten«, gab Sascha frech zurück. »Nun geben Sie schon Freistoß und fertig!«

Der Schiedsrichter musterte den Jungen, griff in seine

Brusttasche und zog die Gelbe Karte. »Pass bloß auf, Bürschchen! Ich lasse mich nicht blöd anmachen! Und ich rate dir: Halt dich zurück, sonst siehst du noch in der letzten Minute Rot und bist für das nächste Spiel gesperrt!«

Ralle und Basti zerrten Sascha vom Schiedsrichter weg und versuchten ihn zu beruhigen, während Volker am Spielfeldrand wild gestikulierte.

»Was will er?«, fragte Paul.

»Du sollst den Freistoß übernehmen«, sagte Käpten Pitt. »Ich hoffe, du hast trainiert.«

Paul schluckte. Sie hatten noch eine halbe Minute zu spielen; nach diesem Strafstoß würde der Schiedsrichter wahrscheinlich abpfeifen. Paul sah zum Tor, vor dem vier Jungs des BVN eine Mauer bildeten. Die Entfernung zum Tor war weiter als im Training, aber wenn er seinen Bogenschuss hinkriegte, könnte er das Ding reindrehen. Andererseits funktioniert der Schuss eben nicht immer.

»Denk nicht nach, schieß einfach«, flüsterte Käpten Pitt. »Wir machen es wie beim Training.«

Jamaika nickte und trabte schon einmal neben die Mauer der BVN-Jungs.

»Robert, starte mit nach vorn«, sagte Pitt. »Und Paul ...«, Käpten Pitt ließ seinen Blick über die Spieler des BVN gleiten, »... achte nicht auf mich, egal was ich tue.«

Aber da pfiff der Schiedsrichter schon den Freistoß an. Pitt nahm vor Paul einen Anlauf, sprang aber über den Ball

und rannte wild schreiend und gestikulierend auf die Mauer zu, während Paul den Ball wie immer zu Jamaika passte. Die Jungs aus der Mauer waren verwirrt und stürzten alle rüber zu Jamaika, der aber aus der Abwehr zurück Richtung Paul spielte. Der Pass kam genau. Er landete auf Pauls linkem Fuß.

Dem Fuß, in dem die Musik steckte. Paul versuchte nichts zu denken. Aber wie denkt man nichts? Das war viel leichter gesagt als getan! Paul dachte: »Mist, Mist, Mist«, und erwischte den Ball mit der Außenseite des Fußes. Der Ball stieg auf, machte die Kurve und Paul hielt den Atem an. Er sah, wie sich das Leder weiter und weiter nach links drehte. Dominik, der Torwart, machte große Augen, sprang hoch, verfehlte den Ball nur knapp, und der sauste um Haaresbreite am Außenpfosten vorbei – ins Aus.

Für eine Schrecksekunde kam es Paul so vor, als würde die Welt stillstehen. Es war kein Tor. Er hatte es vermasselt. Sie hatten ein Unentschieden geschafft, aber nicht den Sieg. Es stand 4:4, und er hatte das 4:5 auf dem Fuß gehabt, und der Schuss hatte sogar geklappt, aber er hatte das Tor nicht getroffen. Der Schiedsrichter ließ Dominik noch seinen Abstoß machen, dann pfiff er das Spiel ab.

Paul trottete vom Spielfeld. Aber auf halbem Weg kam ihm der jubelnde Trainer entgegen und nahm ihn in den Arm. »Gut gespielt, Paul! Ihr habt das Zeug zur Meisterschaft! Toll gekämpft bis zur letzten Sekunde! Super, super und dass ihr den Ausgleich noch schafft, das hätte ich euch fast nicht zugetraut!«

»Ja, aber ich hab's verbockt. Wir hätten gewinnen können!«, sagte Paul.

»Dass ich nicht lache!«, knurrte Sascha, der gerade an ihnen vorüberging. »Ihr werdet uns niemals besiegen.«

»Abwarten!«, rief Käpten Pitt. »Es gibt ja auch noch ein Rückspiel!«

»Und an deiner Stelle würde ich mal lieber die große Klappe halten, Junge!« Volker drohte Sascha mit dem Zeigefinger. »Dein unsportliches Verhalten meldet der Schiedsrichter sowieso dem Staffelleiter, damit der Kollege des nächsten Spiels schon mal Bescheid weiß!«

Aber Sascha zuckte nur mit den Schultern und schlurfte weiter über den gepflegten Rasen Richtung Umkleidekabine.

»Alle mal herhören!« Volker trommelte die Mannschaft noch einmal zusammen. »Das war das beste Spiel, das ich seit Langem gesehen habe! Das muss gefeiert werden. Kommt heute Abend alle zu mir in den Schrebergarten, ich fahre gleich hin und schmeiße schon mal den Grill an!«

Die Jungs nickten erschöpft, aber zufrieden.

»He, freut ihr euch denn gar nicht?«, fragte Volker.

»Wir haben's doch nicht gepackt!«, sagte Robert. »Pauls Bogenschuss ist nicht …«

»Moment!«, fuhr Volker dazwischen. »Ihr habt es nicht gepackt? Ihr habt vier Tore Rückstand aufgeholt! Ihr habt nicht aufgegeben, geackert bis zur letzten Minute und supergut zusammengespielt! Und vergesst nicht, dass wir die letzten vier Spiele gegen den BVN verloren haben! Oh doch, Jungs, ihr habt es gepackt: Ihr habt den Ausgleich gepackt!«

»Aber wir sind immer noch Dritter und der BVN bleibt Tabellenführer«, sagte Oscar Stoppersocke.

Volker zwinkerte ihm zu. »Ja, aber die Saison läuft ja auch noch eine Weile. Und wir haben noch jede Menge Zeit zum Trainieren.«

»Heißt das, dass wir uns jetzt freuen *müssen*, obwohl wir nicht gewonnen haben?« Käpten Pitt legte den Kopf schief.

Volker seufzte, zuckte mit den Schultern und sagte: »Ja. Das heißt es.«

»Na dann.« Jamaika sah in die Runde, warf seine Löwenmähne in den Nacken und schrie: »Jipppiiiiii!«

Und dieser Freudenschrei war so ansteckend, dass nach und nach auch die anderen Spieler des SC 1848 in den Jubel einstimmten.